Zu diesem Buch

Die Texte in diesem Buch stehen in einem inneren Zusammenhang. Daniela Dahn, in der DDR Gründungsmitglied der Bürgerbewegung «Demokratischer Aufbruch», zieht fünfzehn Jahre nach der deutsch-deutschen Vereinigung eine ernüchternde Bilanz: Auf den «Demokratischen Aufbruch», den sie verließ, weil er schon die sozialistischen Träume von der Gleichheit hinter sich ließ, scheint der «demokratische Abbruch» zu folgen, die Zerstörung auch noch von Freiheiten und Rechten im Zeichen eines unbezähmbaren Turbokapitalismus. Was ist noch übrig von der Glaubwürdigkeit unseres politischen Systems?

Doch die Autorin begnügt sich nicht damit, auch Ermutigendes zu beschreiben, sondern formuliert selbst Forderungen und Vorschläge, etwa zu einer Gegenöffentlichkeit, zu einer Friedensordnung und dem Umgang mit Terroristen, zur Umverteilung von Besitzständen.

Neben Essays und Reden zur inneren Lage der Republik und zur Globalisierung stehen auch in diesem Band wieder kunstvolle Portraits von Zeitgenossen, darunter Günter Grass und Christa Wolf.

Daniela Dahn studierte Journalistik in Leipzig und war danach Fernsehjournalistin. Seit ihrer Kündigung 1981 arbeitet sie als freie Schriftstellerin und Publizistin in Berlin. Sie hatte mehrere Gastdozenturen in den USA und Großbritannien und ist Trägerin des Kurt-Tucholsky-Preises für literarische Publizistik 1999, der Luise-Schroeder-Medaille der Stadt Berlin 2002 und des Ludwig-Börne-Preises 2004.

Daniela Dahn

Demokratischer Abbruch

Von Trümmern und Tabus

Rowohlt Taschenbuch Verlag

Originalausgabe
Veröffentlicht im Rowohlt Taschenbuch Verlag,
Reinbek bei Hamburg, März 2005
Copyright © 2005 by Rowohlt Verlag GmbH,
Reinbek bei Hamburg
Lektorat Frank Strickstrock
Umschlaggestaltung Zero Werbeagentur, München
(Illustration: FinePic, München)
Satz aus der Adobe Garamond PostScript
bei Pinkuin Satz und Datentechnik, Berlin
Druck und Bindung Druckerei C. H. Beck, Nördlingen
Printed in Germany
ISBN 3 499 61973 3

Inhalt

Das ganze Ding mit der Revolution
Dankesrede zur Verleihung des Ludwig-Börne-Preises
in der Frankfurter Paulskirche

Mit einem Literaturpreis ausgezeichnet zu werden ist für alle Schreibenden eine große Freude und Bestätigung. Trägt diese Auszeichnung den Namen des radikaldemokratischen Publizisten, des brillanten Stilisten Ludwig Börne, lässt sich auch ein wenig Stolz nicht unterdrücken. In diesem Falle aber wird für mich alles übertroffen durch die Ehre, dass gerade Sie, verehrter Jorge Semprun, meinen Versuchen, dieser Welt schreibend beizukommen, Beachtung geschenkt haben.

Als ich tief bewegt «Die große Reise» las, war ich sechzehn Jahre alt. Unter den Büchern, die meine Sehnsucht nach Humanismus und damit auch meine moralische Rigorosität prägten, haben Werke von Ihnen untergründig gewirkt. Ich verneige mich vor der Konsequenz Ihres Lebensweges.

Ich danke der Börne-Stiftung, einen durch Lesergunst und Würdigungen in aller Welt geadelten Juror gewählt zu haben, an dessen Seite Bescheidenheit geboten ist. Auch die Geschichtsträchtigkeit dieses Ortes, mit all dem Ringen um demokratische Grundwerte, lässt das Gefühl von eigenem Ungenügen aufkommen. Da bleibt nur die Flucht nach vorn, was in unserem Falle die Flucht zu Börne ist.

Die Flucht von einer Herausforderung in die nächste, denn eine Annäherung an Börne bedeutet auch die Annäherung an den Unwillen, den zugespitzt formulierte Gedanken zwangsläufig auslösen. Hatte doch der damals mächtigste Literaturkritiker, Wolfgang Menzel, Börne des *Terrorismus der Worte* bezichtigt. Und beinahe hundert Jahre später echauffierte sich Heinrich von Treitschke bei der Börne-Lektüre noch dermaßen, dass er in seinen «Bildern aus der Deutschen Geschichte» gar von *Gesinnungsterrorismus* sprach.

Was also erwarten Sie von einer Börne-Preisträgerin? Oder ich von Ihnen?

Der eigentlich zu Ehrende dieses Tages hat für sich unter allen Umständen in Anspruch genommen, dass «ich mein eigenes Wesen nicht aufzuopfern habe». Um dieser Aufrichtigkeit nahe zu kommen, empfiehlt er, jenseits aller Bedenken niederzuschreiben, was einem durch den Kopf geht. Lassen Sie mich also die Gunst der halben Stunde nutzen, mich mit dieser Technik der freien Assoziation, die Sigmund Freud später so an Börne begeistert hat, dem auszusetzen, was Texte des «Zeitschriftstellers» in mir heute auslösen.

Börne-Forscher bedauern zuweilen, dass ihr Gegenstand beinahe nur noch durch das Medium Heine betrachtet wird. Mit dessen ironischer, stellenweise auch verleumderischer «Denkschrift über Börne» hat Heinrich Heine unter den zwei Streithähnen das letzte Wort behalten, im Leben und in der Literatur. Vermutlich haben die beiden sich gerade deshalb als Konkurrenten empfunden, weil sie sich in der beißenden Kritik so ähnlich waren, weil Deutschland beide um den Schlaf brachte. Heine gibt dem *jüdischen Schriftsteller* Börne nur die Note *gut*, dem *deutschen Patrioten* aber das Attribut *groß*.

So ist das mindeste, was vom Fall Börne gegenwärtig geblieben ist, dass man als Jude sehr wohl deutscher Patriot sein kann. Weniger bekannt scheint mir, dass Börnes Liebe zu den deutschen Landen eine sehr gebrochene war, deren Ambivalenz manchen von uns heute recht vertraut sein dürfte. Der geborene Löb Baruch musste sich ständig gegen Angriffe wehren, er sehe den «herrlich deutschen Rosengarten mit schmutzig-gelben Augen an», er würde alles Deutsche verächtlich, alles Französische aber unter der Maske der Freiheit wünschenswert machen.

In Ludwig Börnes letztem Text, «Menzel, der Franzosenfresser», der als sein politisches Vermächtnis gilt, konterte er: «Ich habe nicht den deutschen Patriotismus allein, ich habe auch den französischen und jeden anderen verdammt, und ich habe ihn nicht für eine Narrheit erklärt, sondern für mehr, für eine Sünde.» Die Vaterlandsliebe sei zwar ein angeborenes und darum natürliches Bedürfnis nach Zusammengehörigkeit, die Machthaber hätten den Völkern, «um sie aneinander zu hetzen und wechselseitig zu unterdrücken», aber aufgeschwatzt: «Das Ausland hassen, heiße sein Vaterland lieben.» Deshalb ist Patriotismus für Börne nur so lange eine *Tugend*, solange er in seinen Schranken bleibt, darüber hinaus wird er ein *Laster*.

Treitschke befand später: «Durch das beständige Zetern und Spotten ging sein deutsches Nationalgefühl, das ohnehin nie eine starke, naturwüchsige Empfindung gewesen war, ganz zugrunde, und er versank in ein radikales Weltbürgertum, das dem Landesverrat sehr nahe stand.» Als Waffe gegen «Nestbeschmutzer» ist der Patriotismus in allen Zeiten gern missbraucht worden. Börne drehte den Spieß um und nutzte ihn zum Kampf für die Freiheit im eignen Land. Er liebte Deutschland, weil es unglücklicher gewesen sei als andere Nationen. Er liebte nicht aus Stolz, sondern aus Sorge. Aus einer Art Mitleiden, das selber krank macht. Ist dies nicht auch für unsereins eine sehr nachvollziehbare Haltung? Es ist wohl so etwas wie eigennütziger Gemeinsinn, wenn Autoren sich mit Leidenschaft bemühen, die politischen und sozialen Verhältnisse durchschaubar zu machen.

Patriotismus bedeutet für mich ein durch gemeinsame Sprache, Kultur und Gesetzgebung vermitteltes Gefühl von gesteigerter Zuständigkeit. Von engagierter Einmischung. Kritisieren heißt, sich verantwortlich fühlen. Das Diskreditieren von scharf begründeten Analysen als feindliche Gesinnung verkennt, dass sich den Mühen und Risiken der Auseinandersetzung nur stellt, wer sich der Gesellschaft verbunden genug fühlt, sie verbessern helfen zu wollen.

«Wie glücklich wäre ich, wenn ich die Wahrheit oder das, was ich dafür halte, verbreiten könnte, ohne einem Menschen dadurch wehe zu tun», meinte Börne, der im Grunde harmoniesüchtig war. Doch gerade deshalb hielt er nichts davon, das die Harmonie Störende nur mäßig zu bekämpfen. «Denn mäßigt euch, wie ihr wollt, die deutschen Leser mäßigen noch eure Mäßigung … Sie haben eine Elefantenhaut, zarten Kitzel fühlen sie nicht, man muss ihnen eine Stange in die Rippen stoßen.» Wenn Frankfurter Bürger und Institutionen eine Stiftung gründen, um einen derart Aufsässigen nicht dem Vergessen zu überlassen, so finde ich dies nicht nur couragiert und dankenswert, sondern auch patriotisch. Und es ehrt mich, in dieses Anliegen nun einbezogen zu sein.

Wenn Börne ein Patriot war, dann bin auch ich eine Patriotin. Das ist für mich eine kleine Überraschung, die mir in diesem assoziativen Gedankenstrom begegnet. Seitdem das Grundgesetz auch für mich gilt, war mir allerdings schon der Begriff des Verfassungspatriotismus lieb geworden. Kritik am Zustand der Demokratie und an der sich von den ursprünglichen Intentionen der Verfassung weit entfernt habenden Wirtschaftsordnung wird vom Grundgesetz nicht nur gedeckt, sondern geschützt, ja herausgefordert. Von solchen Bedingungen konnte Ludwig Börne nur träumen. Und auch für Ostdeutsche waren diese verheißungsvollen Freiheitsräume, neben den Wohlstandsverheißungen, entscheidend, um der Bundesrepublik wie einer Endstation Sehnsucht beizutreten. Inzwischen sind wir gemeinsam den Gefährdungen dieser Werte ausgesetzt. Nach meiner Beobachtung richtet sich die Nostalgie vieler Neubundesbürger gar nicht auf ein spätes DDR-Bild, sondern auf ihren frühen Traum von der Bundesrepublik.

Die schmerzliche Kluft zwischen Verfassung und Verfassungswirklichkeit, speziell in Ostdeutschland, in meinen Texten immer wieder aufzuzeigen war für mich der Weg, Fremdheit durch engagiertes Mitgestalten zu überwinden. Dabei konnte ich mich gelegentlich des Eindrucks nicht erwehren, als hätten die Ostdeutschen die verstaubten Zeiten des Radikalenerlasses im Crashkurs nachzuholen. Von so manchen selbst ernannten Hütern der freiheitlich-demokratischen Grundordnung wurde diese als Synonym für den Status quo missbraucht und Weiterdenkende eingeschüchtert. Gegenstand anhaltender Medienkampagnen zu sein ist eine ungewöhnliche Gewalterfahrung. Insbesondere, wenn die Glaubwürdigkeit von Argumenten dadurch entwertet werden soll, dass die Glaubwürdigkeit der argumentierenden Person in Frage gestellt wird. Der Springer-Verlag musste sich zu meinen Gunsten schon zu mehreren Unterlassungserklärungen verpflichten, er hatte deshalb viele tausend Euro Prozesskosten zu zahlen. Der Konzern hat offenbar dennoch seinen

Spaß daran, ohne je mit mir gesprochen zu haben, den gleichen Unfug als nebulöse Mutmaßungen immer weiter zu verbreiten. Ich habe die Verleumdungsfreiheit als Disziplinierungskeule empfunden, die vergessen machen soll, dass Machtfragen zu stellen nicht verboten ist.

Umso mehr ist die Tatsache, dass mir der generöse Eigensinn Jorge Sempruns erlaubt, stellvertretend für Querköpfe der einen oder anderen Couleur hier zu stehen, nicht nur für mich eine große Ermutigung. Vergleichbares wäre in der DDR undenkbar gewesen.

Kann Börnes freiheitliches Vermächtnis als erfüllt angesehen werden? Zumindest in den Massenmedien gehören systemkritische Fragen nicht gerade zum Credo. Warum hat in unserem reichen Land die Hälfte der Bevölkerung so gut wie kein Privatvermögen? Und warum überlässt selbst die andere Hälfte die großen Brocken einer anonymen Minderheit? Warum gibt es hierzulande kein größeres Tabu als die Vermögensstatistik? Warum wird die Gesellschaft ärmer, wenn sie produktiver wird?

Börne wäre heute vermutlich nicht minder aufgebracht als zu Zeiten der Demagogenverfolgung durch die in Frankfurt tagende «völlig toll gewordene Bundesversammlung». Er beschreibt den damals längst eingeführten Begriff *Zeitgeist*, als befände er sich auf einer Versammlung der IG Medien: Wenn wir verkündigen, was uns jedem von seiner Partei aufgetragen, werden wir gelobt und belohnt; wenn wir eine falsche Botschaft bringen, werden wir getadelt und gezüchtigt. Gerade deshalb verlangt Börne nicht mehr und nicht weniger als den Mut zum eigenen Denken: «Eine schimpfliche Feigheit, zu denken, hält uns alle zurück. Drückender als die Zensur der Regierungen ist die Zensur, welche die öffentliche Meinung über unsere Geisteswerke ausübt.»

Dieser Befund ist umso erstaunlicher, wenn man sich ausmalt, was die Regierungszensur damals in Frankfurt, wo sie durch die Nähe der Bundesversammlung besonders streng war, bedeutete: Jede Zeitungsseite musste vor Drucklegung am Abend um zehn durch einen Stempel des Zensors freigegeben werden. Viermal wird

Börne während seiner kurzen Zeit als Redakteur der «Zeitung der Freien Stadt Frankfurt» wegen des Abdrucks ungestempelter Artikel bestraft, dreimal mit ärgerlichen Geldbußen und einmal mit der Verurteilung «zu 14-tägiger Einsperrung unter Gaunern, Bettlern und Dieben», vor der ihn die Redaktion nur durch fristlose Entlassung bewahren kann. Aber auch sein Verleger Campe wird seinetwegen zuzeiten bis zu viermal wöchentlich vor Gericht geladen. Und dennoch drückt ihn die Zensur der öffentlichen Meinung mehr als diese?

Da auch heute, trotz Abwesenheit eines staatlichen Zensors, über Personen hinausgehende Macht- und Eigentumsfragen nicht ernsthaft gestellt werden, drängt sich die Frage auf, ob die veröffentlichte Meinung die nun mal zu erledigende zensorische Arbeit ohne viel Aufhebens, mehr ehrenamtlich und aus alter Gewohnheit, mit übernommen hat.

Bei gewissen Themen glauben Ostdeutsche nach wie vor erst mitreden zu dürfen, wenn sie bekannt haben, wie sie es damit in ihrem verdächtigen Vorleben gehalten haben. Also will ich eine Rückblende in meine Zeit vor Einheit-Sturzgeburt einfügen. Ich habe meine Zensurerfahrungen gelegentlich beschrieben und will sie heute nur um eine Episode ergänzen, die mir Börnes Stempel-Ignoranz erst wieder in Erinnerung rief.

Normalerweise hatte man in der DDR als Redakteur oder Autor weniger Chancen als Börne, eine Zensuranweisung hintergehen zu können. Einmal, Mitte der 70er Jahre, kam ich mit meinen Kollegen vom Jugendfernsehen in Versuchung. Wir hatten eine Jugendbrigade des Walzwerkes Hettstedt interviewt, die sich über den neu eingeführten Leistungslohn beschwerte. Die Jungs vom Hochofen hatten gerade erlebt, wie die Meister den Einzelnen gar nicht bewerten konnten und es zu Ungerechtigkeiten kam. Die aufgebrachten Arbeiter scheuten sich nebenbei bemerkt nicht, die Zustände in den Betrieben und damit deren staatliche Leiter öffentlich zu kritisieren. Das Fremdwort *abhängig Beschäftigter* hätten sie nicht verstanden, die Bedeutung von *Entlassung* nie erfahren, und Betriebsinterna gab es in einer volkseigenen Wirtschaft fast nur, sobald Rücksicht auf Exporte, also den Markt genommen werden musste.

Bei der Abnahme kam in der Redaktionsleitung wenig Begeisterung auf. Denn die öffentliche Diskussion von Lohnfragen habe sich – ob wir dies vergessen hätten – schon im Juni 1953 nicht bewährt. Dies und das und dies müsse rausgeschnitten werden. Klarer Auftrag für den MAZ-Schnitt in der Nachtschicht. In die sich nie ein Chef verirrte. Und von wo wir das Band ohne weitere Kontrollen direkt ins Sendezentrum zu bringen hatten. Nachts um drei dann, in einer Mischung aus Trotz und Übermüdung, kamen wir zu dem Schluss, der Aufstand damals, als wir kaum geboren waren, sei gerade deshalb ausgebrochen, weil eben nicht öffentlich über Lohnfragen diskutiert wurde. Und leider hätten wir an zwei Stellen die Anweisungen missverstanden, die zensierten Äußerungen liefen am nächsten Tag über den Sender …

Ich erzähle dies ohne jeden Anspruch auf Lorbeerlaub, denn wir wussten: «Einsperrung» gab es für so was nicht mehr, und selbst eine Entlassung gab der Tatbestand, der führenden Arbeiterklasse das Wort erteilt zu haben, nicht her. Der Redaktionsleitung blieb nur, die Notbremse zu ziehen, und die von uns mit viel Herzblut entwickelte Sendereihe «Dreieck» einzustellen mit dem Hinweis, wir seien kein richtiges Kollektiv. Ich reagierte begriffsstutzig – näher besehen ein schönes Wort. Wie hatte ich auch annehmen können, ein Kollektiv zeichne sich durch Zusammenhalt und vertrauensvollen Umgang aus, durch gemeinsame Risikobereitschaft und den Mut, trojanische Pferde zu stehlen. Nein, oberstes Kriterium für ein Kollektiv war, dass es sich ohne zu murren an die Anweisungen hält.

Heute gibt es keine Kollektive mehr und damit natürlich auch keine vergleichbaren Verhaltensweisen. Wenn heute unsinnige Anweisungen ergehen, sind – wer könnte daran zweifeln – sofort alle auf den Barrikaden. Dass das Land nicht voller Barrikaden ist, erklärt sich allein aus dem Mangel an unsinnigen Anweisungen.

Eigenwillig Ding mit so einer Assoziationskette. Anknüpfungspunkt: Zensur schickt sich nicht mehr in unseren tabulosen Zeiten.

Heute werden nicht Textstellen, sondern Finanzmittel gestrichen. Es gehört zu meiner Arbeitsmethode, solche Behauptungen nicht bloß in den Raum zu stellen, sondern sie mit anschaulichen Fällen zu bekleiden. Wozu sich allerdings Bücher besser eignen als Dankesreden. Daher nur eine Erinnerung, die mir nach Börnes Rezept im hoffentlich rechten Moment durch den Kopf geht:

Anfang der 90er Jahre hatte ich gute Kontakte zum Deutschen Institut für Wirtschaftsforschung, weil dort ein Projekt lief, das mich interessierte. Man arbeitete an einer Umrechnungsformel von Ost- in Westmark, von Nationaleinkommen in Bruttosozialprodukt, um so eine Basis für die Vergleichbarkeit von Wirtschaftskraft am Ende der DDR und den erwarteten Fortschritten zu haben. Die These vom nur um Haaresbreite vermiedenen wirtschaftlichen Kollaps der DDR galt bis dahin als stabiles Fundament für die Legende, nach der es keine Alternativen gab. Als sich im Institut herausstellte, dass sich das Bild von der völlig bankrotten Zonenwirtschaft schwerlich aufrechterhalten lassen würde und sich stattdessen das Desaster der gegen jede ökonomische Vernunft organisierten Einheit abzeichnete, wurde die Fortsetzung der laufenden Forschung vom Wirtschaftsministerium durch Streichung der bereits eingeplanten Mittel verhindert. An unseren Vergleichszahlen war die Politik nicht interessiert, hörte ich von den frustrierten Wissenschaftlern.

1994 wurde auch noch die getrennte Rechnungsführung im innerdeutschen Warenverkehr eingestellt, aus der ersichtlich geworden war, dass vierzig Prozent des Verbrauchs im Beitrittsgebiet von draußen finanziert werden muss. Eine dramatische, ja in der Weltgeschichte einmalige Disproportion. Spätestens da konnte man sich des Eindrucks nicht erwehren, das Abschaffen einer aussagefähigen Statistik zur Unzeit und das Wort Verdunkelung kämen gut miteinander aus.

So war einige Jahre für relative Ruhe gesorgt. Im Westen wurden die enormen Belastungen vieler Menschen und ihrer Kommunen nicht klaglos, aber einsichtig erduldet, was im Osten durchaus Respekt, Mitgefühl und Dankbarkeit hinterließ. Einzelne warnende

Stimmen, der Osten stehe dennoch auf der Kippe oder sei, wie ich damals ergänzte, bereits gekippt, konnten abgetan werden. Seit kurzem zieht der Osten den Westen erneut in den veröffentlichten Abgrund, und plötzlich liegen die Nerven auf beiden Seiten wieder blank. Schuld abladen heißt Emotionen aufladen. Und Unterstützung abziehen. Deutungsmuster sind verteilungsrelevant. Deshalb sehen viele Neubundländler neue Entwertungstorturen auf sie zukommen.

Immer noch besteht das Grundmissverständnis zwischen Ost und West darin, dass eine Seite denkt, sie gibt ihr Letztes, während die andere meint, man nähme ihr das Letzte. Nirgends sonst gibt es in den innerdeutschen Beziehungen so viel Mythen, Vorurteile und wohl auch Aggressionen wie bei den Besitzständen. Es mag so etwas wie die Börne'sche Sorge ums Vaterland gewesen sein, wenn ich versucht habe, in meinen Büchern Brücken aus Fakten zu bauen. Denn es ist nicht nur unredlich, sondern auch gefährlich, beide Seiten gegeneinander auszuspielen, statt sich gemeinsam darüber klar zu werden, was geschehen ist und was geschehen muss.

Es ist ein Paradox auf hohem Niveau: Niemand übersieht die wesentlich verbesserten Straßen, Schienen, Telefonleitungen, die neuen Wohnhäuser, vor denen neue Autos stehen. Ein Glanz, um den so manche Osteuropäer uns vermutlich beneiden. Von außen lässt sich kaum durchschauen, dass all die schöne Infrastruktur hauptsächlich den Zweck erfüllt, westliche Waren ins Beitrittsgebiet zu karren. Märkte schaffen ohne Waffen. Von außen lässt sich kaum durchschauen, dass die Menschen im Osten einen Kapitalismus ohne einheimische Kapitalisten erleben. Dass der Preis für all die bunten neuen Güter der Makel von Almosenempfängern ist, die von als deutsch geltenden Tugenden weitgehend ausgeschlossen wurden: Leistungswille, Fleiß, Ehrgeiz. Deren Lebensbilanz enteignet wurde.

Zumal die Nebelkerzen Wirkung zeigen (ich weiß, Zahlen sind unliterarisch, aber sie sind auch subversiv, und in dieser Eigenschaft mitunter durch nichts zu ersetzen): Wenn westliche Politiker heute stolz behaupten, seit der Vereinigung habe sich die ostdeutsche Wirtschaftskraft immerhin verdoppelt, geht diese Bilanzfälschung unwidersprochen durch. Weit und breit keine Demagogenverfolgung. Dabei ist der Trick leicht zu durchschauen. Nimmt man als Basis das Jahr 1991, in dem durch die überstürzte Währungsunion bereits siebzig Prozent der Industrie abgestürzt waren, haben Steigerungsraten keinen großen Aussagewert. Bleibt man aber beim maroden Ende der DDR von 1989, so weisen die zugänglichen Berechnungen und Schätzungen in Ost und West übereinstimmend aus, dass nach nunmehr vierzehn Jahren trotz gestiegener Effektivität die damalige Wirtschaftsleistung gerade erst wieder erreicht wird. Vierzehn Jahre, an deren Ende es nicht weniger Probleme gibt als am Anfang.

Es gab einen nahtlosen Übergang von der – wie Rudolf Bahro es nannte – «organisierten Verantwortungslosigkeit» in der DDR in die organisierte Nicht-«Haftung für grobe Fahrlässigkeit» der Treuhand. Letzteres geht aus dem Briefwechsel zwischen Finanzminister und Treuhandchefin hervor. Auch dass die Mitglieder des Verwaltungsrates und des Vorstandes zum «Außer-Acht-Lassen einfachster und nächstliegender Überlegungen» beim Umgang mit dem Volkseigentum ermächtigt wurden. So viel staatliche Misswirtschaft wie in der Zeit des Treuhandkommandos hat es in Ostdeutschland während der ganzen DDR-Zeit nicht gegeben.

Gerade der Erfindungsreichtum, der nötig war, um die Fesseln des zentralen Plans zu unterlaufen, hat des engagierten Eingreifens und unendlicher Mühen zahlloser Leiter, Ingenieure, Meister und Arbeiter bedurft. Von den 8500 einstigen Walzwerkern in Hettstedt bieten übrigens nach der Privatisierung immerhin noch tausend der Konkurrenz Paroli. Obwohl sie bei deutlich niedrigerem Lohn als im Westen jährlich drei Wochen länger arbeiten, ist man unlängst übereingekommen, dass alle – vom Direktor bis zum Pförtner – ihre Einkünfte nochmals spürbar vermindern. Von gerechtem Leistungslohn redet keiner mehr, jedenfalls nicht öffentlich.

Stichworte aus dem jüngsten gemeinsamen Bericht der Wirtschaftsinstitute zur Entwicklung in Ostdeutschland: *Enttäuschend, ausgeprägt strukturschwache Region, Niveau der Insolvenzen deutlich über westdeutschem, Talfahrt, dramatischer Bevölkerungsrückgang, jeder Vierte unterbeschäftigt, verschärfte Zumutbarkeitsregeln eingeführt, Entmutigungseffekte.* Die Studie trägt übrigens den schönen Namen: *Zweiter Fortschrittsbericht.* Da zeigt sich wieder, welch gefährliche Ansteckungsgefahr von der im wildesten Osten immer noch grassierenden Orwell'schen Krankheit ausgeht.

Symptombedingt wird vergessen, den eigentlichen Fortschritt zu erwähnen: Nach der Vereinigung ist die Zahl der Einkommensmillionäre in den alten Bundesländern um fast vierzig Prozent gestiegen. In den letzten Jahren ist unser schönes Vaterland noch schöner geworden – verblühende Landschaften durch Geldregen auf Goldrouten. Das private Vermögen hat sich verdoppelt, von drei auf sechs Billionen D-Mark. Gleichzeitig hat sich allerdings auch die Staatsverschuldung verdoppelt. Wer Zusammenhänge herstellt, fliegt raus, hat Peter Sloterdijk den Mechanismus der Öffentlichkeit einmal beschrieben.

Der Osten wird neuerdings gern als Milliardengrab verdammt. Wäre es nicht ergiebiger, den asozialen Reichtum als Billionengrab zu enttarnen? Eine breite Diskussion über die Abschöpfung von Extragewinnen zur Finanzierung der Vereinigungskosten und zur Verhinderung des Sozialabbaus ist nicht geführt worden. Ein solidarischer Lastenausgleich, wie nach dem Krieg noch durchsetzbar, ist nicht mehr opportun. Der Verweis auf die im Grundgesetz verankerte Sozialpflichtigkeit von Eigentum ist schon ein revolutionärer Akt. Wer es noch wagt, Umverteilung von Vermögen, Land und Arbeit zu fordern, gerät leicht unter Kommunismusverdacht. Dabei findet Umverteilung täglich statt – wir sehen ohnmächtig zu, wie Gewinne privatisiert und Verluste sozialisiert werden. Ironie der Fehlergeschichte: Für die Angleichung der Lebensverhältnisse im Osten gibt es keine kapitalismusinterne Lösung mehr.

Dabei beobachte ich in den neuen Ländern, und soweit ich das beurteilen kann, auch in Osteuropa, ein durch die Erfahrung des

Scheiterns erzwungenes Dazulernen, das dem Westen noch bevorsteht. Während hier die herablassende Belehrung und Selbstgewissheit nur sehr langsam bröckelt, sieht man sich dort kaum mehr in der Rolle, «unerbittlich das Richtige zeigend», wie Brecht noch verlangte, sondern «unerbittlich das Ungewisse zeigend», wie Volker Braun abwandelt.

Der Realsozialismus war letztlich nicht revolutionsfähig – aber das immerhin hatte er begriffen. Partiell lernfähig war er schon – und das, vermengt mit dem Wunschdenken, die emanzipatorischen Potenzen des Gemeineigentums würden eines Tages auch die geistigen Spielräume erfassen, ließ sich leicht verwechseln. Glasnost postulierte, dass es *ohne* Demokratie nicht weitergeht. Perestroika zeigte: *mit* auch nicht. Diesmal griff die gefährdete Macht nicht wie gewohnt störrisch zu den noch reichlich vorhandenen Waffen, sondern ging vor dem Mehrheitswillen gewaltfrei in die Knie. Diese Selbstüberwindung sollte man ihr immerhin nicht absprechen.

Und wie steht es heute um die Lernfähigkeit der freiheitlichen Ordnung? *Mit* Demokratie könnte es weitergehen. Was wir aber seit Jahren erleben, ist eine schleichende Entdemokratisierung. Auch Demokratien sind nichts Starres, müssen ihre Spielregeln veränderten Bedingungen anpassen. Wer will, dass die Demokratie bleibt, kann nicht wollen, dass sie bleibt, wie sie ist. Was der Bürger aber an Veränderungen wahrnimmt, kann er erst recht nicht wollen. In immer mehr Bereichen setzt das Grundgesetz keine Maßstäbe mehr: bei der Sozialverfassung, der Inneren Sicherheit, im Asylrecht, bei Umweltrisiken wie der Gentechnik und – am weitreichendsten – bei den Aufgaben der Bundeswehr. Freiwillig gibt das Parlament immer mehr Kompetenzen ab, an die Regierung, an den Bundesrat, an das Verfassungsgericht, an die Wirtschaft, an die EU-Kommission. Doch Parlamentsbeschlüsse sind die Legitimation der Regierung. Der Selbstentmachtung des Parlaments und schließlich der Regierung folgt die Selbstentmachtung des Wählers durch Nichtteilnahme an einer Prozedur, in der er keine Auswahl mehr erkennen kann.

«‹Ist der Staat Zweck oder der Mensch in ihm?› – dies schien ihm die große Frage der Zukunft», schimpfte Börnefresser Treitschke. Durch eine winzige Aktualisierung würde ich Börne gern abwandeln: Ist die Wirtschaft Zweck oder der Mensch in ihr? Ist es nicht längst Zeit, die Sinnfrage zu stellen, wofür wir eigentlich leben? Für einen höchst rentablen Standort, in dem das Recht des Stärkeren gilt, oder für die Welt als einen Ort, an dem das Leben nicht nur für Minderheiten lohnenswert ist. Glück ist nicht mit betriebswirtschaftlicher Logik zu gewinnen. Das Primat des Marktes schließt das Primat des Denkens aus.

«Wer Geld hat, braucht keinen Verstand.» Ludwig Börne, der laut Angaben seines Biographen Karl Gutzkow «das ganze Ding mit der Revolution so ernst nahm», schimpfte auf die *Gutsbesitzer, die reichen Bankiers, die Industriellen*, die, den Schweiß vom siegreichen Kampf gegen die Aristokratie noch nicht abgetrocknet, schon eine neue, eine Geldaristokratie bildeten. Es gelte zu begreifen, «dass man nicht gegen die Armen, sondern gegen die Armut zu Felde ziehen müsse».

Spätestens auf den Weltsozialforen im brasilianischen Porto Alegre und im indischen Mumbai habe ich begriffen: Es ist eine Weltordnung entstanden, die den Interessen der Mehrheit auf diesem Planeten diametral gegenübersteht. Immer noch halten wir es für rechtmäßig, dass die armen Länder jedes Jahr das Mehrfache der erhaltenen Entwicklungshilfe durch Zinsen und Schuldentilgung zurückzahlen. Selbst unsere postulierte Uneigennützigkeit entpuppt sich als profitable Geldanlage. Deutschland gehört – wie der größte Teil Europas – trotz aller Probleme zu den Gewinnern der Globalisierung. Ja, Patriotismus und Weltoffenheit bedingen einander. Wir halten einen vorderen Platz im internationalen Waffenhandel, dessen Profit – man glaubt es kaum – so hoch ist wie das Einkommen der Hälfte der Weltbevölkerung. Wer Zusammenhänge zu nichtfinanzierbaren Sozialprogrammen sieht, fliegt abermals raus …

Ein ziemlich sicheres Mittel, Massenvernichtungswaffen nicht in Terroristenhände gelangen zu lassen, ist, sie ihnen nicht zu verkaufen. Ein sehr sicheres Mittel, Massenvernichtungswaffen nicht in Terroristenhände gelangen zu lassen, wäre, sie weltweit zu vernichten. Stattdessen lagern in Deutschland 65 amerikanische Atombomben vom Typ B 61-11, jede mit der fünffachen Sprengkraft der Hiroschima-Bombe. Fast alle Deutschen möchten laut Forsa, dass diese uns geißelnden Bestände vernichtet werden. Zumal eine solche Lagerung in einem Nichtkernwaffenstaat laut Artikel II des Atomwaffensperrvertrages verboten ist, wie Horst-Eberhard Richter von der mit dem Friedensnobelpreis geehrten internationalen Ärztevereinigung unlängst betont hat.

Westliche Grundwerte verteidigt man am besten, indem man sie selbst einhält. Doppeltes Maß ist immer einfaches Unrecht. Auch ich weiß, was Bündnisverpflichtungen sind. Dass aber, wie im Fall der amerikanischen Bomben, Politiker Verträge schließen, die von 90 Prozent der Bürger quer durch alle Parteien abgelehnt werden und daran offenbar nichts zu ändern ist, gehört zu den nicht eben häufig besprochenen Angelegenheiten.

Börne wäre, wie ich, über die konsequente Ablehnung des Irakkrieges durch die deutsche und die französische Regierung erleichtert gewesen. Prophetisch klingen seine Worte, kein Volk könne frei werden, indem es sich erobern lasse, «da doch, wie die Weltgeschichte lehrt, selbst jedes erobernde Volk durch die Eroberung seine Freiheit verloren». Wer wird uns auch künftig, anders als im Kosovo, vor der Eroberrolle schützen? Laut Plan unsere Abgeordneten, die die Regierung kontrollieren. Doch: Der Parlamentarismus wird zur leeren Hülse, wenn die Parlamentarier nicht nein sagen dürfen. Wann fallen im Parlament tatsächlich noch Entscheidungen, die nicht schon vorher feststehen? Und welche Konsequenzen Beschlüsse des erweiterten EU-Parlaments haben werden – darüber sind sich selbst Experten nicht einig.

Ein vereintes Europa, in dem die Menschen noch stärker ins Gespräch kommen, ist ein wunderbares Ziel. Ich sage dies noch unter dem Eindruck einer für mich denkwürdigen Begegnung. Vor kurzem besuchte eine Delegation des Willy-Brandt-Kreises das Grab von Ferdinand Lassalle auf dem jüdischen Friedhof in Wroclaw. Was uns darüber hinaus der polnische Historiker Maciej Lagiewski, dem die Instandsetzung des Friedhofs zu verdanken ist, über Friederike Kempner und all die dort liegenden Oppenheims, Mendelsohns, Steins, Schottländers, Mühsams, Pringsheims und Rosenthals aufs heiterste zu erzählen wusste, war mehr an deutscher Geschichte, als unsere ganze Delegation zusammengebracht hätte. Und schließlich war er der Erste, der mir trotz zerstörtem Stein mit Sicherheit das Grab meines Urgroßvaters zeigen konnte. Selbst dass es dessen Kindern, darunter meinem Großvater, nicht mehr vergönnt war, auf einem jüdischen Friedhof begraben zu werden, wusste er. Woraufhin ich mich ermutigt sah, nach den dramatischen Folgen des deutschen Angriffskrieges für seine Familie zu fragen.

Ein Europa, in dem wir uns über die von der gemeinsamen Geschichte gebrochenen Biographien näher kommen, lohnt alles Engagement. Wenn es aber darauf hinausläuft, und einiges spricht dafür, dass sich im Wesentlichen doch wieder nur die Märkte und die Investoren näher kommen, und dieses Gut durch die Militarisierung der europäischen Außenpolitik verteidigt werden soll, so ist Gegenwehr geboten. Die EU-Verfassung will Aufrüstung erstmalig zur Pflicht erheben. Eine «Europäische Agentur für Rüstung, Forschung und militärische Fähigkeiten» wird eingerichtet. Über die Möglichkeiten von Abrüstung und zivilen Fähigkeiten forscht offenbar niemand. Und das in einer Situation, in der in den USA gerade sämtliche internationalen Abrüstungsabkommen zertrümmert werden. Im Bund mit der EU-Staatengemeinschaft könnte Deutschland zu einer weltweit operierenden Interventionsmacht werden, die «im Dienste ihrer Interessen» ohne Legitimation durch das gewählte Europaparlament und ohne ausdrückliche Erwähnung eines UNO-Mandates, zu Kriegen befugt ist. Selbst EU-Abgeordnete sind sich nicht sicher, ob damit der Vorbehalt des Bundestages unterlaufen wird, vermuten dies aber. Da würde nicht mal mehr die demokratische Form gewahrt. Da ist Krieg wieder dort, wo er immer war. Der Bürger wird zu alldem nicht befragt. Er ist entmachtet.

«Unruhen in Hamburg; in Braunschweig das Schloss angezündet und den Fürsten verjagt; Empörung in Dresden», jubelte Börne in einem Brief aus Paris. «Wie hat man es nur so lange ertragen? Es ist eine Frage, die mir der Schwindel gibt. Einer erträgt es, noch einer, noch einer – aber wie ertragen es Millionen?»

Sie werden es nicht ertragen. Dies wäre die Utopie eines vom Kopf auf die Füße gestellten Zeitgeistes: ein Begriff, der sich über die Jahrhunderte gehalten hat, obwohl er doch haltlos ist. Die Zeit hat eine Dimension, aber keinen Geist. Der herrschende Zeitgeist ist nicht der Geist der Zeit, sondern der Geist der Herrschenden. Also der privilegierten, gebildeten und besitzenden Minderheit. Ein Zustand jenseits demokratischer Ideale. Wissen kann sich vervielfältigen, ohne der Verdummung Einhalt zu gebieten. Aufgeklärt sein heißt Ursache und Wirkung kennen, in Zusammenhängen denken, hinter den Oberflächen Interessen durchschauen. Aufgeklärt sein heißt politisiert sein. Nicht durch Dogmen, sondern durch Analyse. Ein ins Positive gewendeter Zeitgeist wäre erstmalig ein Geist der aufgeklärten Mehrheit.

Ludwig Börne lehnte die irrationale, unmenschliche Gewalt von Revolten ab, Revolution sei etwas anderes als Kopfabhacken. Moderneres Vokabular unterstellt, verlangte er von revolutionären Befreiungstheorien, nicht zu Totalitarismus und Terrorismus zu führen, sondern umgekehrt eben davon zu erlösen. Die «sicherste Art, den Krieg der Armen gegen die Reichen zu verhindern», befand Börne, wäre «sie an der Gesetzgebung teilnehmen zu lassen». Voraussetzung sei, dass jeder Umwälzung «eine Umwandlung der öffentlichen Meinung vorhergegangen sein muss». Der Radikaldemokrat Börne wollte das Volk nicht ändern, aber aufwecken: Der Mensch ist älter als der Bürger, der Mensch muss sich bessern, dann folgt ihm der Bürger nach. Kein neuer Mensch, aber ein aufgeweckter alter, also anderer. Wenige Jahre nach Börnes Tod befand Karl Marx, «dass die Welt längst den Traum von einer Sache besitzt, von der sie nur das Bewusstsein besitzen muss, um sie wirklich zu besitzen».

Die digitalisierte Kommunikation schafft dafür so günstige Bedingungen wie nie zuvor. Nicht nur das Internet, sondern eines Tages vielleicht auch ein alternativer Weltfernsehsender könnten sich dem Ziel verpflichten: Habenichtse aller Länder, vereinigt euch. Nachdem die sozialen Bewegungen sich formiert und vernetzt haben, könnten sie international handlungsfähig werden. Was hieße, einen globalen Sozialvertrag einzufordern. Erstmalig wird die Demokratie auch die Wirtschaft ergreifen müssen. Bei der Ausgleichung des Vermögens käme es darauf an, «die Zerstörung zu verhüten, die dem Räuber so wenig als dem Beraubten frommt». Börne sah nicht nur die Armen deformiert, sondern auch die Reichen. Denn ohne soziales Fundament keine zivile und demokratische Freiheit, nirgends und für niemanden.

Fürchten wir nicht «das zornige Erröten der Völker», wie Börne es hoffnungsvoll beschwor. Fürchten wir den herrschenden Zeitgeist, fürchten wir unseren eigenen, profitablen Schlaf der Vernunft. Erfüllen wir Börnes Vermächtnis, indem wir von uns behaupten können: Wir treiben, weil wir werden getrieben.

Demokratischer Abbruch
Günter Gaus bedenkend

Ich wollte immer in einer Demokratie leben. Aber nie im Kapitalismus. Westliches Selbstverständnis, das nur angeblich ideologiefrei ist, behauptet gern, der Kapitalismus brauche die Demokratie wie die Luft zum Atmen. Demokratie habe bisher überhaupt nur unter kapitalistischen Spielregeln funktioniert. Beides gehöre unabdingbar zusammen. Doch das ist ein Ammenmärchen.

Zunächst bleibt festzustellen: Die reine Lehre der Demokratie als Volksherrschaft ist vorerst noch nirgends realisiert gewesen. Das hehre Ideal zeigt sich in der Praxis, wie alle Ideale, immer als mehr oder weniger gelungene Annäherung. Wann wäre schon die jakobinische Forderung erfüllt gewesen, nach der das Parlament garantiert, dass die Legitimität der Regierung allein vom Volk ausgeht? In ihren günstigsten Momenten sind republikanische Staatsformen bisher zu wirtschaftlichem Gemeinwohl und zivilgesellschaftlicher Mitbestimmung gezwungene Oligarchien gewesen. Einigen wir uns, dem allgemeinen Sprachverständnis folgend, großzügig darauf, diesen Sternstunden bereits das Gütesiegel *Demokratie* zu verleihen. Wohl wissend, dass in Sternstunden naturgemäß nicht auch noch die Sonne scheint.

Des Weiteren ist anzumerken: In Reinform hat auch der *Kapitalismus* nie existiert. Denn das Recht des Staates, Steuern zu erheben, ist das demokratisch legitimierte Recht zu permanenter Enteignung. Und wer gerade mehr oder weniger enteignet wird – das ist ein sicheres Indiz dafür, wer eine stärkere oder schwächere Lobby in der Regierung hat. Umgekehrt haben sich die Steuerzahler so ihr Recht auf politische Mitsprache erkauft: «No taxation without representation». Was in einer langen Phase als privilegiertes «je mehr Steuern, je mehr Mitsprache» missbraucht wurde, ist heute für viele Unternehmer sogar zu einem komfortablen «Erpressung ohne Steuern» geworden. Aber so weit sind wir im Text noch nicht. Zuvor ist nicht nur des Staates, sondern auch der Arbeiterbewegung zu gedenken; beide haben dem, was als Manchester-Kapitalismus begann, einen langen Lernprozess aufgenötigt.

Der Kapitalismus hat etwa hundert Jahre gebraucht, bis er für die Mehrheit der Bevölkerung ökonomisch offensichtlich attraktiv wurde. Obwohl in der Mitte des 19. Jahrhunderts in den USA bereits Demokratie im oben genannten Sinne herrschte, war die Kombination mit dem aufkommenden Kapitalismus noch lange kein alle beglückendes Erfolgsmodell. Und auch in Europa gab es in diesen hundert Jahren freiheitliche, liberale Staatsformen, in denen der Kapitalismus keine Steigerung des Wohlstandes brachte, sondern in zwei Weltkriege führte: In Deutschland ist das reale Einkommen der Menschen zwischen 1914 und 1951 nicht gestiegen. Vielmehr haben viele alles verloren.

1947, als die CDU ihr Ahlener Programm verabschiedete, war selbst in Kirchen und konservativen Parteien Konsens, dass während der NS-Diktatur «das kapitalistische Gewinn- und Machtstreben» verhängnisvoll gedeihen konnte: «Das kapitalistische Wirtschaftssystem ist den staatlichen und sozialen Lebensinteressen des deutschen Volkes nicht gerecht geworden», hieß es dort. «Nach dem furchtbaren politischen, wirtschaftlichen und sozialen Zusammenbruch als Folge einer verbrecherischen Machtpolitik kann nur eine Neuordnung von Grund auf erfolgen.» Folgerichtig vergatterte das Grundgesetz, wie übrigens auch schon die Weimarer Verfassung nach der Novemberrevolution, Eigentümer zur Sozialpflichtigkeit. Sie erließ die Spielregeln für demokratische Enteignungen. Von Privatisierungen war keine Rede. Dafür stellte 1952 auch das Betriebsverfassungsgesetz mit seinen weitgehenden Zugeständnissen für Mitbestimmung die Weichen in Richtung auf einen partnerschaftlichen «Rheinischen Kapitalismus».

Die soziale Marktwirtschaft begann ihren Siegeszug erst in den 50er Jahren – begünstigt durch die anziehende Konjunktur und den Konkurrenzdruck des sich ausbreitenden sozialistischen Weltsystems. (Obwohl, der Vollständigkeit halber sei der Allgemeinplatz angefügt, auch die Bedeutung «sozialistisch», gemessen am Ideal, beträchtliche Defizite aufwies. Die freiheitlichen Menschenrechte wurden weitgehend missachtet, dafür aber erstmalig der Beweis erbracht, dass die sozialen Menschenrechte nicht unerfüllbar sind.)

Die Siegermacht Sowjetunion hatte nicht nur den Sozialismus über Steppe und Tundra ausgeweitet, sondern auch den antikolonialen Bewegungen das Lied von der Freiheit gespielt und Gewerkschaften und kommunistischen Parteien in den westlichen Staaten die Arbeiterfaust geballt. Der Sozialstaat ist einst nicht vom Himmel gefallen, er war das Resultat harter sozialer Kämpfe, Streiks und Verhandlungen.

Derart in die Zange genommen, war es mehr als gutmütige Einsicht, dass die Kapitaleigner auf nicht unerhebliche Teile ihres Gewinnes zugunsten von Löhnen und Sozialleistungen verzichteten. Angesichts der Verhältnisse im Kräfteparallelogramm der Welt wäre alles andere ein unabsehbares Risiko gewesen. Unter dem Druck der Gegenbewegung war der *Verzicht* das sicherste Mittel der Gewinnoptimierung. Betriebswirtschaftlich denken hieß volkswirtschaftlich denken. Dem Gemeinwohl galt notgedrungen mehr Aufmerksamkeit als den Kapitalrenditen, und alle staunten: So also funktioniert Demokratie.

Und tatsächlich, zu ihren stabilisierenden Vorzügen gehört das System der *checks and balances*, das Eindämmen unbändiger Kräfte durch ausgleichende Gegenkräfte. Auf eine Demokratisierung der Produktionsmittel hat man in der Ära dieses Sozialvertrages verzichtet, was vielleicht leichtfertig war. Denn 94 Prozent der Bevölkerung der Bundesrepublik haben keinen Anteil am Betriebsvermögen. Die kleine Gruppe der Eigentümer, früher Klasse genannt, erwirkte mit ihrer Kompromissbereitschaft eine Entpolitisierung und Entradikalisierung der Arbeiterbewegung und der Gewerkschaften. Antikapitalismus schien überflüssig geworden zu sein. In diesem blinden Winkel entwickelten sich nicht nur Privilegien und Korruption der Nomenklatura – der politischen Klasse, wie man heute sagt. Auch der Gewinn wurde allmählich wieder optimiert, was sich unter anderem in zunehmender Arbeitslosigkeit niederschlug. Und kaum war der Druck des Realsozialismus verpufft und das Vakuum mit erstarktem Neoliberalismus gefüllt, knallten die Peitschen der Ausbeuter wieder in der Luft, die die Profitmaximierung zum Atmen braucht.

Ob der Kapitalismus ohne das Gegengewicht eines nahen und mächtigen Sozialismus überhaupt sozial und demokratisch sein kann, ist nicht bewiesen. Die Indizien sprechen eher dagegen. Dass die amerikanische Variante immer härter war als die westeuropäische, hatte mit dem Radius der sozialen Strahlkraft des Realsozialismus zu tun. Ebenso der Umstand, dass beinahe zeitgleich mit dem sowjetischen Imperium auch das viel gepriesene skandinavische Modell in die Krise geriet, bald darauf auch andernorts für selbstverständlich gehaltene Errungenschaften der Arbeiterbewegung ein Ende fanden und schließlich das ganze Zeitalter der Sozialdemokratie.

Soziale Demokratie – entweder ist der Begriff eine Tautologie, oder er enthält das Eingeständnis, dass es auch unsoziale Demokratien gibt. Aber kann denn eine Politik, die vom Volke ausgeht, unsozial sein? Globalisierung bedeutet die ungebremste Ausdehnung der Profitmaximierung auf den ganzen Globus. Eine repressive Restauration. «Mehr Armut wagen – SPD», las ich unlängst auf Transparenten einer Protestdemo. Dabei gehören die exportstarken und subventionierten Großkonzerne Deutschlands ganz klar zu den Gewinnern der Globalisierung. Die Logik, einheimische Politik müsse urkapitalistischer werden, weil die Welt urkapitalistischer wird, ist ein Zirkelschluss, eine sich selbst erfüllende Prophezeiung, die bereit ist, die Demokratie zu opfern.

Demokratie bedeutet Volkssouveränität. Sie findet ihren Ausdruck in der Gesetzgebung. Politisch haben alle Menschen die gleichen Teilhaberechte, ihre Würde soll unverletzbar sein. Gleichzeitig der Profitwirtschaft ausgesetzt, sind sie aber weitgehend Mittel zum Zweck, Produktionsmittel, die austauschbar und verzichtbar sind. Ihre Erpressbarkeit macht ihnen Angst. Sie stehen in existenzieller

Abhängigkeit von demokratisch nicht legitimierten Eigentümern, und das ist ein würdeloser Zustand. Die Freiheit, moralisch das Richtige zu tun, wird reduziert auf die Marktfreiheit. Souverän ist einzig der Eigentümer. Die politische Freiheit setzt die soziale voraus.

Demokratie bedeutet Machtbeschränkung. Die Teilung der Gewalten von Legislative, Exekutive und Judikative soll Missbrauch verhindern. Doch die Parlamente haben Macht an die Regierung abgegeben, die Regierung hat Macht an die EU-Kommission abgegeben, diese hat Macht an die Weltbank und die Welthandelsorganisation abgegeben, alle haben also Macht an die Profitwirtschaft abgegeben. Und der Wähler soll seine Stimme abgeben und sich dabei fühlen wie Hans im Glück. Er guckt in die Luft und fragt sich, welche Wahl er eigentlich hat, wenn niemand die verborgen herrschende Macht beschränkt, die des Kapitals?

Demokratie bedeutet Wahrung der Menschenrechte. Deren erstes, das Recht auf würdiges Leben in gesunder Umwelt ist absolut unvereinbar mit dem permanenten marktwirtschaftlichen Streben nach Maximalprofit und Wachstum. Reichtum gebiert Armut und Wachstum Erwärmung. Schmelzende Polkappen sind wie brennende Zündschnüre.

Demokratie bedeutet Rechtsstaatlichkeit. Doch emanzipatorische, soziale, demokratische, kulturelle und ökologische Standards gefährden den Standort. Da der immer gewaltsamer werdende Verteilungskampf um die Güter der Welt die Sicherheit gefährdet, werden die bürgerlichen Grundrechte Zug um Zug eingeschränkt. Wenn der Kanzler nun fordert, Gesetze, Verträge und Richtlinien dürften die Wettbewerbsfähigkeit der Unternehmen nicht beeinträchtigen, so ist auch der Rechtsstaat verdammt, sich der Profitmaximierung zu unterwerfen. Die Ungerechtigkeit wird legalisiert und begünstigt dann spezielle Kunden etwa mit privilegierenden Steuergeschenken oder sittenwidrigen Immobilienfonds. Selbst die beste Demokratie kann offenbar aufgekauft werden. Dann aber könnten erneut «Elemente totaler Herrschaft» entstehen.

Demokratie bedeutet Aufklärung. Wer souverän sein will, muss sachkundig sein. Wissen ist Macht. Wer dem angeblich alternativlosen, neoliberalen *mainstream* etwas entgegenhalten will, braucht Argumente. Doch während der verschuldete Staat, der seine finanzielle Souveränität längst verspielt hat, die Mittel von Schulen und Universitäten kürzt, sind die Massenmedien demokratievergessen der Quote erlegen. In der nach unten offenen Schlichtheitsskala dominieren Verflachung und Entpolitisierung. In Kriegszeiten auch Tabuisierung und Lüge. Ein hohes Niveau des öffentlichen Diskurses ist aber Grundlage der Demokratie. Sie braucht Bürger. Der Markt Konsumenten. Auch in diesem Kampf scheint die Wirtschaft den Sieg davonzutragen.

Ist er unbeaufsichtigt, entlässt der Kapitalismus die Demokratie. Ihre Prinzipien und die der Profitmaximierung schließen einander aus.

Der letzte Aufsehen erregende Artikel von Günter Gaus trug die Überschrift: «Warum ich kein Demokrat mehr bin». In dieser «Selbstanzeige» begründete er in der *Süddeutschen Zeitung*, weshalb ihm diese Einsicht früher undenkbar gewesen wäre, und beteuerte zugleich, weiterhin auf dem Boden der freiheitlich-demokratischen Grundordnung zu stehen. Auch versicherte er dem verunsicherten Leser, dass ihm «jede Art von Faschismus ekelhaft und zuwider» sei und dass ihn von den Idealen des Kommunismus stets getrennt habe, nicht an den «neuen Menschen» glauben zu können, «den womöglich die Welt zu ihrem Überleben braucht». Dennoch könne er die Erkenntnis nicht weiter verdrängen, «dass die Demokratie sich selbst verloren hat». Das Zusammenwirken von Wählern und Gewählten sei zu einer Schauveranstaltung geworden, der Inhalt des politischen Systems sei gegen wechselnde Events ausgetauscht und die Demokratie durch das Fernsehen in Besitz genommen worden. Die «Manipulatoren des Souveräns» würden im Interesse von nicht näher genannten «gesellschaftlichen Gruppen» das Volk zerstreuen und somit das gleiche und allgemeine Wahlrecht aushöhlen.

Damals, im Sommer 2003, rief ich Günter Gaus, der immer neugierig auf Reaktionen zu seinen Texten war, an und sagte: «Großartig. Mit Ihrer Analyse der Situation stimme ich vollkommen überein.» «Aber?», fragte er hellhörig. «Na ja, die Schlussfolgerung … Warum sagen Sie nicht: Ich bin Demokrat, aber das ist keine Demokratie mehr?» – «Nein, Daniela, das wäre nicht scharf genug», antwortete er mit strengem Unterton.

Da ich mir das korrekte Erinnern seiner Antwort auf meine Frage zu meinem großen Bedauern nicht mehr autorisieren lassen kann, muss ich sie auf meine eigene Kappe nehmen. Nach meinem Verständnis hatte Günter Gaus den genügsamen Aberglauben satt, die Demokratie allein könne gegen den Terror der Ökonomie noch ein schlichtender Ausgleich sein. Er empfand sie als eine zunehmend ohnmächtige Veranstaltung, in der die Wähler nur noch entscheiden, wer im Interesse des Standortes Karriere machen darf. Auch wenn er Begriffe wie *System* oder *Kapitalismus* nur sparsam verwandte, hatte er in «seiner» Zeitung, dem *Freitag*, doch wiederholt auf die neu zu stellende Eigentumsfrage verwiesen. Gleichzeitig sah er, dass dem Wähler hierzu keine Antwort abverlangt wird. Im Grunde hatte er wohl die Hoffnung aufgegeben, die Finanzmächtigen, verfilzt mit den von ihnen profitierenden Eliten, könnten durch parlamentarische und mediale Mittel in der barbarischen Dynamik ihres Treibens aufzuhalten sein.

Deshalb seine publizistische Sinfonie mit dem Paukenschlag. Das öffentliche kritische Bewusstsein schien ihm in keinem Verhältnis zu stehen zu den tatsächlichen Zuständen. Stattdessen spürte er die zunehmende Ausgrenzung eines vom *mainstream* abweichenden demokratischen Engagements. Menschen, die ihr Leben gelebt haben, bliebe als intellektuelle Anstrengung nur noch das Vergnügen, sich selber nichts mehr vorzumachen und bittere Einsichten nicht unausgesprochen zu lassen, sagte er. Zweifellos wollte er damit auch die Jüngeren provozieren, in deren Tun und vor allem Lassen sich das zukünftige Geschick erweisen wird.

Was fangen wir mit diesem Erbe an? Vor uns liegen Trümmer und Tabus. Das am besten gehütete lautet: Wenn die Demokratie nicht die Wirtschaft erfasst, ist sie keine. Politiker, gewohnt ihren Sozialabbau als alternativlos darzustellen, zeigen wenig Neigung, sich von den Bürgern in die angeblich enger gewordenen Verteilungsspielräume hineinreden zu lassen. Verschleiert wird: Der Staatshaushalt gehört nicht den Staatsmännern. Die Staatsdiener sind nur wechselnde Verwalter des Volksvermögens. Das jährliche Volkseinkommen ist der Haushalt des Staates. *Demokratie bedeutet Entscheidung über Haushalte.*

Das am zweitbesten gehütete Tabu ist deshalb die historisch einmalige Reichtumsexplosion der vergangenen fünfzehn Jahre, also seit Untergang des Sozialismus. Wer daran rührt, dem wird umgehend Neid unterstellt. Dass es ein ehrenhaftes Motiv für eine solche Debatte geben könnte, wird ausgeschlossen. Deshalb vorab: Reichtum ist eine Annehmlichkeit, die jedem vergönnt sei, selbst wenn sie ungleich verteilt ist. Inakzeptabel wird es erst, wenn der Reichtum der einen die Armut der anderen verschuldet. Wenn beide gleichermaßen wachsen. Der Reichtum wird asozial, wenn er nicht mehr nur ein moralisches, sondern ein volkswirtschaftliches Problem ist.

In Deutschland wächst der Reichtum seit Jahren deutlich schneller als die Wirtschaft. Noch schneller wachsen nur die Arbeitslosigkeit und die Staatsverschuldung. Die Steuerzahler müssen aber nicht nur für die enormen Zinsen aus dieser Schuld aufkommen. Sie arbeiten auch für die Zinsen und Renditen der Kreditgeber und Aktienbesitzer, denen ein überproportionaler Anteil aus dem Volkseinkommen zufließt. Wenn die Einkommen aus Geldvermögen über der allgemeinen Wirtschaftsleistung liegen, müssen die Einkommen aus Arbeitsvermögen zwangsläufig darunter liegen. Das heißt, die Arbeitenden sind an dem Ergebnis ihrer Wertschöpfung immer weniger beteiligt. Das verfügbare Einkommen der abhängig Beschäftigten ist in den letzten fünfzehn Jahren bestenfalls gleich geblieben, während sich die Einkommen aus Vermögen verdoppelt haben. Wie konnte dies beinahe unbemerkt geschehen?

31

Der Zinsdruck zwingt nicht nur den Staat zum Sozialabbau. Auch die Manager, die die Gewinnerwartungen der Besitzenden erfüllen müssen, senken zu diesem Zweck die Löhne und investieren Subventionen und Steuergeschenke in Rationalisierung, damit sie noch mehr Leute entlassen können. In Zeiten derartiger Arbeitslosigkeit ist nur arbeitsloses Einkommen ein sicherer Schutz vor sozialem Abstieg. Um einen Kollaps zu vermeiden, müsste dem Kapital begreiflich gemacht werden, dass seine Zinsansprüche das Wirtschaftswachstum nicht überschreiten dürfen! Da Kapital aber nur einen Gedanken kennt, droht es mit Abwanderung, und die neoliberale Politik ordnet ihr ganzes Trachten dem Zweck unter, die Renditeansprüche der Vermögenden zu garantieren.

Ist Demokratie im Zeitalter des sich globalisierenden Kapitalismus eine Utopie? Einst dem Demokratischen Aufbruch verschrieben gewesen, erfüllt mich der formal demokratische Abbruch des Gemeinwesens mit Trauer und Sorge. Dennoch bin ich bekennende Demokratin – und da dies offenbar nicht mehr genügt – in Gottes Namen auch Radikaldemokratin. Wenn die Demokratie uns zerrinnt, haben wir buchstäblich nichts mehr. Aus Trümmern wächst Gewalt.

Aber wie, wie sei denn das zu verhindern, höre ich allenthalben und wo, wo läge denn die Lösung? Und dabei klingt Lösung immer wie Erlösung. Und ich werde den Verdacht nicht los, man wartet auf einen heilbringenden Messias, der die frohe Botschaft auf dem Teewägelchen serviert, mit Keksen und ohne viel Aufhebens, also ohne dass man sich erheben müsse, sondern sitzen bleiben könne, in seinen weichen Kissen, bei dem wohltätigen, aber hoffentlich kurzen Empfang, die Finger noch auf der Fernbedienung, denn gleich kommt «Wer wird Millionär?».

Doch der ungläubige Messias spricht nicht den erlösenden Text, sondern nur: Alle bestehenden Herrschaftsregeln sind anzuzweifeln. Dann verschwindet er, auf Nimmerwiedersehen. Denn er weiß: Das Defizit liegt nicht im Konzeptionellen, sondern in der demokratischen Durchsetzbarkeit dessen, was als vernünftig erkannt ist. Spätestens seit Rousseau ist zumindest die Richtung klar: «Die Menschenrechte müssen ergänzt werden durch einschränkende Bestimmungen über das Eigentum; sonst sind sie nur für die Reichen da, für die Schieber und Börsenwucherer.» Das Problem solcher Forderungen ist nicht, dass sie alt, sondern dass sie unerfüllt sind. Doch im Zeitalter des kommerzialisierten Medienkretinismus wird es immer schwerer, Mehrheiten über kapitale Lobbyinteressen aufzuklären und sie von der Notwendigkeit zu überzeugen, sich dagegen zur Wehr zu setzen. Die meisten glauben an die marktradikalen Spekulanten wie Kinder an den Weihnachtsmann. In einer Art Duldungsstarre wird die Katastrophe durch Trägheit und Ignoranz selbst heraufbeschworen.

Die Arbeit des Desillusionierens kann nicht früh genug beginnen: Es gibt keine systeminterne Lösung mehr. Die Demokratie braucht eine andere Wirtschaftsordnung. Genauer gesagt, die Menschen brauchen sie. Selbst die Eigentümer und Manager. Denn nur Fundamentalisten, stets auf der Suche nach dem dämonisch Bösen, übersehen, dass auch diese politischen Gegner hochbezahlte Gefangene der von ihnen selbst geschaffenen strukturellen Zwänge sind. Die Jagd nach dem *shareholder value*, nach der international geforderten Rendite, macht sie zu Gehetzten auf der Flucht vor feindlichen Übernahmen. Der Maximalprofit verlangt absoluten Gehorsam, sonst stoßen einen Gehorsamere in den Abgrund.

Dass man den Kapitalismus dennoch, zumindest zeitweilig, überwinden kann, hat die Geschichte gezeigt. In seiner Schrift «Die sozialistische Revolution und das Selbstbestimmungsrecht der Nationen» behauptete Lenin: «Die Herrschaft des Finanzkapitals, wie des Kapitals überhaupt, ist durch keinerlei Umgestaltungen auf dem Gebiete der politischen Demokratie zu beseitigen.» Lenin um unseretwegen in der Praxis zu widerlegen könnte *die* überlebenswichtige Jahrhundertaufgabe sein. Es müsste bewiesen werden, dass die Logik des Kapitals auch ohne blutige Revolutionen und Kriege zu durchbrechen ist – auf friedliche, ökonomisch effektive, menschlich solidarische und politisch demokratische Weise.

Beim ersten Anlauf ist der Realsozialismus mit diesem Vorhaben schließlich so kläglich gescheitert, dass selbst ein gänzlich veränderter Versuch für immer als disqualifiziert gelten konnte. Rot-rote Parteien, wie SPD und PDS, mochten an das in ihren gültigen Parteiprogrammen formulierte Ziel eines demokratischen Sozialismus lieber nicht mehr erinnert werden. Das kämpferische Vokabular hat die Seiten gewechselt.

Zu *Revolten* und *Aufständen*, zu *Boykott* und *aktivem Widerstand* rufen wohlsituierte Leute *auf die Barrikaden*. Neoliberale gründen einen *Konvent* und anempfehlen den Bürgern eines Staates, der Geld für Sozialleistungen *vergeudet*, einen *gewissen Konsumverzicht* und ein *Zurückstecken von Ansprüchen*. Stattdessen wird *unternehmerisches Handeln* und eine *intensivere Vermögensbildung* angeraten, denn: Arbeitsplätze erfordern nun mal Kapital. Unerwähnt bleibt all das derzeit bereits vagabundierende Kapital, dem offenbar nicht im Traum einfällt, Arbeit zu schaffen. Industrielle wollen die Unbeweglichkeit politischer Entscheidungen flexibilisieren, also demokratische Mitsprache einschränken, und nennen das *Systemüberwindung*. Das heißt, das System wird sowieso grundstürzend verändert, fragt sich nur noch wie und durch wen.

Ehe das revolutionäre Vokabular restlos vereinnahmt wird, sollten einige zentrale Kategorien, solange keine überzeugenderen da sind, vielleicht doch zurückerobert und positiv besetzt werden. Von Sozialdemokraten hörte ich die Definition: Kapitalismus ist die demokratisch legitimierte Herrschaft des Kapitals. Demnach wäre Sozialismus der demokratisch nicht legitimierte Bruch der Herrschaft des Kapitals gewesen. Da drängt sich doch geradezu auf, was, sehr verkürzt, demokratischer Sozialismus sein würde: der demokratisch legitimierte Bruch der Herrschaft des Kapitals. In der Demokratie ankommen heißt, gegen die Herrschaft des Geldes zu sein.

Über den Wechsel von der asozialen Marktwirtschaft hin zu einer gemischten oder auch sozialistischen Marktwirtschaft, jenseits des Diktats der Weltbank, liegen ungezählte Bücher bereit. Sie sind vom Zeitgeist in Nischen gedrängt, wo sie von den entpolitisierten

Mehrheiten nicht wahrgenommen werden. Ihre Autoren beschreiben eine Weltwirtschaftspolitik mit einer neuen Geldordnung, ökologisch nachhaltigen Preisen, einem neuen Bodenrecht, mit ehrlichen und gerechten Steuern, mit internationalen Sozialstandards, darunter eine weltweite radikale Arbeitszeitverkürzung, die uns der Vollbeschäftigung näher bringt.

Der Internationalismus war einst die Stärke der Linken. Er ist auf die Seite des Kapitals gewechselt. Fachleute aus allen Ländern versuchen eine Umkehr zu beschreiben, durch eine Weltinnenpolitik, mit Staatengemeinschaften, die sich mehr mit Verteilungs- als mit Wachstumsfragen beschäftigen. Dazu zitieren sie sogar Leute wie den Chef des Internationalen Währungsfonds, der warnt: Die extremen Ungleichgewichte in der Verteilung der Wohlfahrtsgewinne werden mehr und mehr zu einer Bedrohung der politischen und sozialen Stabilität weltweit. Und sie fragen, worauf wir noch warten, wenn selbst der *Economist*, das Hausblatt der Finanzwelt, *die Verteilungsfrage auf die Weltagenda* setzt.

Die Lösung wird nicht serviert werden, man wird sich die vorliegenden Analysen und Fakten aneignen und für ihre praktische Umsetzung selbst kreative Ansätze suchen müssen. Niemand braucht sich hierzulande vor umstürzlerischen Unterstellungen zu fürchten. Die Sozialpflichtigkeit von Eigentum, die Möglichkeit von Enteignungen zum Wohle der Allgemeinheit sowie der Überführung von Grund und Boden, Naturschätzen und Produktionsmitteln in Gemeineigentum sind von der Demokratie vorgesehen. Das Grundgesetz ist so sozial intendiert, dass Kapitalismuskritik nicht nur gedeckt ist, sondern geradezu ein Verfassungsgebot darstellt.

Zu ergründen, aus welchen Motiven zum Beispiel François Mitterrand bei Machtantritt die großen französischen Banken verstaatlichte und woran er scheiterte, sollte keine linke Partei versäumen. Wenn Volkshochschulen ihrem Namen gerecht würden, würden sie Kurse zur Demokratisierung der Wirtschaft anbieten. Ebenso wie Gewerkschaften, Arbeitslosenvereine, Studentenclubs und Lehrlingsheime, Frauen- und Friedensbewegungen. Weltanschauung bleibt Voraussetzung für Weltveränderung. Gebraucht wird mehr politische Bildung, mehr Streitkultur zwischen oben und unten. Besitzt die Welt nicht immer noch den Traum von einer Sache, von der sie nur das Bewusstsein besitzen muss, um sie wirklich zu besitzen?

Aber auch die Umsetzung von Erkenntnis in Opposition und soziale Bewegung, die die Herrschenden zum Einlenken zwingt, ist nicht delegierbar; sie fällt in die Zuständigkeit jedes einzelnen unzufriedenen Bürgers. *Demokratie bedeutet Einmischung in die eigenen Angelegenheiten.* Sie ist institutionalisierte Interessenvertretung; wer sich nicht organisiert, dessen Interessen werden auch nicht vertreten. Am Abbruch der Demokratie sind wir selber schuld. Den Herrschenden Einhalt gebieten, aber auch den Rücken stärken für das Wagnis gleicher Freiheit für alle?

Weltsozialforen – Gewerkschaftliche Internationale – Arbeitslosenbewegung – alternative Medien – Internetzwerke – Bildungsbörsen – Programmdiskussionen – Oppositionsparteien – Attac – Jugendcamps – Seniorenvereine – Bürgerinitiativen – Genossenschaften – freie Kooperationen – Bürgerhaushalte – Landlosenbewegung – Gemeineigentümer – Boykotte – Generalstreiks – Sitzblockaden – Wehrdienstverweigerung – Friedensmärsche – Barrikadenkunst – Lichterketten – Frauenpower – Volksentscheide – ziviler Ungehorsam. Auf welchen David, welchen Goliath warten wir?

Demokratie als Einheit von Volkssouveränität, Grundwerte verteidigendem Rechtsstaat und Gemeinwohl verpflichteter Wirtschaftsordnung ist alternativlos. Demokratie oder Barbarei: Die Zeit läuft.

Wir sind auf dieser Erde verdammt, uns zu vertragen

Vortrag auf dem internationalen Friedensratschlag in Kassel

Was kann der kleine Bürger für den großen Frieden tun? Was kann Friedensbewegung angesichts der zunehmenden Legalisierung von Gewalt als Mittel der Politik? Schon vor 90 Jahren hat die Friedenskämpferin Bertha von Suttner gefordert, ein völkerrechtliches Gesetz zu erlassen, «wonach das Bombenwerfen aus Aeroplanen verboten ist. Hat man doch Brunnenvergiftung verboten, die Dumdumkugeln und anderes.» Doch obwohl der Krieg seit 1928 völkerrechtlich geächtet ist, scheint die Menschheit diese Geißel nicht nur nicht los zu werden, sondern sie lässt die Mächtigen gewähren …

Nachdem das Gleichgewicht des Schreckens zusammengebrochen war, gab es einige unerschrockene Jahre: Man war von Freunden umzingelt, also wurden Truppen reduziert, Standorte verlassen, abgerüstet. Unterhielt allein die Bundeswehr 1989 in Westdeutschland noch fast eine halbe Million Soldaten, so waren es zehn Jahre später in ganz Deutschland weniger als die Hälfte.

Der Frieden schien auch ohne Bewegung im Vormarsch, zumal sich noch mehr Ermutigendes tat. Seit über 50 Jahren hatte es Bemühungen für eine Weltgerichtsbarkeit gegeben, aber der Kalte Krieg und die Block-Konfrontation lähmten die UNO und machten die Chance, gegebenenfalls auch Staatsoberhäupter wegen Verstößen gegen das Völkerrecht anklagen und verurteilen zu können, zur Illusion. Als im Juli 1998 in Rom das Statut zur Gründung des Internationalen Strafgerichtshofs beschlossen wurde, glaubten viele, die Zeit einer globalen Rechtsordnung sei angebrochen.

Die überwältigende Mehrheit der internationalen Staatengemeinschaft stimmte dafür, Kriegsverbrechen, Verbrechen gegen die Menschlichkeit, Völkermord und – soweit dies definierbar ist – Aggression zu ahnden. Dabei soll individuelle Verantwortlichkeit über das Prinzip staatlicher Souveränität gestellt werden. Erstmals seit

37

den Nachkriegstribunalen von Nürnberg und Tokio gab es wieder den mehrheitlichen Willen, das Politische den Maßgaben des Juristischen unterzuordnen. Denn bisher war die Diskrepanz zwischen dem, was Individuen, und dem, was Politiker dürfen, unerträglich: Wer *Einen* umbringt, ist ein Mörder und wird entsprechend bestraft. Wer *Hunderttausende* umbringt, ist ein Staatsmann und wird entsprechend gewürdigt.

Doch Staatsverbrechen und Regierungskriminalität sind ausnahmslos Verbrechen von einzelnen Politikern. Der ISGH sollte deshalb auch helfen, strafrechtliche Verantwortung von Individuen nicht weiterhin hinter dem Staat verstecken zu können. Dies setzt voraus, die Machtapparate auch durchschaubarer zu machen; Propaganda, Desinformation, Verdunklung und Bestechlichkeit müssen ans Tageslicht – dies fürchten Imperien wohl mehr als die Aburteilung einzelner Politiker. Insofern wird der Hauptzweck künftiger Tribunale Prävention durch Aufklärung sein. Diese ganze Entwicklung konnte dem, was man einst militärisch-industrieller Komplex nannte, nicht gefallen.

Dabei wird der ISGH nur dann tätig werden, wenn der betreffende Staat nicht willens oder nicht fähig ist, seinen Strafverfolgungspflichten selbst nachzukommen. Damit bleibt für alle Staaten viel Handlungsspielraum, zumal nur Fälle behandelt werden, die nach Arbeitsaufnahme des Gerichtes geschehen. Wer also die Absicht hat, sich künftig an das Völkerrecht zu halten, hätte eigentlich nichts zu befürchten. Dennoch enthielten sich 21 Staaten der Zustimmung, und sieben stimmten dagegen: die USA, China, Israel, Irak, Libyen, Jemen und Katar.

Der Boykott durch die einzige Militärsupermacht war ein schwerer Rückschlag für die Idee einer Weltgerichtsbarkeit. Zumal das Statut deutlich die Handschrift der USA aus der Clinton-Zeit trägt. Die Einwände der Bush-Leute waren auch entsprechend konstruiert: Sie lehnten unabhängige Ermittler ab und wollten eine Zustimmung des Sicherheitsrates zu jeder Anklage, wahrscheinlich in der Hoffnung auf ihr Veto-Recht. Doch auch die unabhängigen

Ermittler sind laut Statut an die Autorisierung durch eine internationale Vorermittlungskammer gebunden, so dass eine politische Instrumentalisierung des Gerichtes angesichts der Schwere der überhaupt zur Verhandlung stehenden Tatbestände nach juristischem Ermessen kaum möglich ist.

Wie hat sich amerikanisches Rechtsdenken doch gewandelt, seit der US-Chefankläger beim Nürnberger Hauptprozess, Justice Robert H. Jackson, in der Anklageschrift beschwörend forderte: «Wir dürfen niemals vergessen, dass nach dem gleichen Maß, mit dem wir die Angeklagten heute messen, auch wir morgen von der Geschichte gemessen werden. Den Angeklagten einen Giftbecher reichen heißt, ihn auch an unsere Lippen setzen. Wir müssen an unsere Aufgabe mit so viel innerer Überlegenheit und geistiger Unbestechlichkeit herantreten, dass dieser Prozess einmal der Nachwelt als die Erfüllung menschlichen Sehnens nach Gerechtigkeit erscheinen möge.»

1986 hat der Internationale Gerichtshof, der nicht für Personen, sondern für Staaten zuständig ist, das Verhalten der USA gegenüber Nicaragua noch verurteilt: Der Schutz der Menschenrechte sei ein strikt humanitäres Ziel, unvereinbar mit der Verminung von Häfen, der Zerstörung von Ölraffinerien und der Ausbildung und Bewaffnung von Contras. Daraufhin hat sich die USA der Gerichtsbarkeit des IGH entzogen, ist aus dem Vertrag ausgetreten. Und sie wusste, was sie tut. Denn auch wie seither Kriege geführt werden, ist ein einziger Verstoß gegen geltendes Völkerrecht. Wer die Macht dazu hat, lebt neben dem Recht, ohne dafür zur Rechenschaft gezogen werden zu können.

Demokratien, so hieß es immer, würden keine Kriege gegeneinander führen. Der bald nach In-Kraft-Treten des Statuts des ISGH in Washington zum Gesetz erhobene *Hague Invasion Act* bevollmächtigte den amerikanischen Präsidenten, Streitkräfte zur Befreiung von US-Bürgern einzusetzen, die vor dem Internationalen Strafgerichtshof in Den Haag angeklagt werden. Wie darf man sich den militärischen Überfall auf die Niederlande vorstellen? Aus der Luft? Mit Bodentruppen? Werden Abwehrraketen eingesetzt werden oder

Antiterroreinheiten mit Tränengas und Scharfschützen? Wird der Angriff auf einen NATO-Partner den Bündnisfall auslösen? Wird die Bundeswehr zum Einsatz kommen oder die durch die Nato-Osterweiterung gerade erst hinzugekommenen Armeen? Oder alle 139 Staaten, die dem ISGH zugestimmt oder sein Statut ratifiziert haben? Wird sich die Welt gegen die Weltmacht verteidigen?

Diese Überlegungen wurden nichtig, als am 11. September 2001 die Weltmacht selbst angegriffen wurde und die ganze Welt in einer *Allianz gegen den Terror* sie solidarisch zu verteidigen bereit war. Was immer man von den ungeklärten Mysterien dieses Ereignisses halten mag – eins ist sicher: Die USA wurden zum größten Profiteur der Anschläge, die sie endgültig zur unumstrittenen Weltherrschaft führten und legitimierten.

Nach Ausbruch des ganz offensichtlich mit falschen Beschuldigungen begründeten und ohne völkerrechtliches Mandat geführten Irakkrieges konkurrierten die Gefühle von Ohnmacht und Wut. Haben die vielen Millionen Demonstranten in aller Welt ihren Friedenswillen umsonst bekundet? Muss auf die UNO und die Rechtsordnung tatsächlich keinerlei Rücksicht mehr genommen werden? Welcher irrationalen Weltordnung gehen wir entgegen? Werden wir künftig aufrüsten für Abrüstungskriege? Entdemokratisieren für Demokratisierungskriege? Ölfelder abbrennen, weil die Reserven knapper werden? Müssen wir, wie mit Picassos Guernica-Bild im New Yorker UNO-Gebäude geschehen, Kunst verhüllen, um Kriegsbereitschaft zu entblößen? Wird eines Tages auch bei uns versucht werden, die Meinungsfreiheit so einzuschränken wie nach dem 11. September, als auf schwarzen Listen gefordert wurde, kritischen Schauspielern keine Rollen zu geben und Leser oppositioneller Bücher zu registrieren?

Noch verteidigen die meisten alten Europäer die amerikanischen Gründungswerte: Freiheit und Demokratie. Aber wache Beobachter, wie die in der Friedensbewegung Engagierten, fragen zunehmend nach den Interessen hinter den Machtkulissen. (Weshalb der Irak für die USA tatsächlich eine gewisse Gefahr darstellte, wurde erst nach dem Krieg bekannt: Saddam hatte zwei Jahre zuvor durchblicken lassen, dass er sein boykottiertes Öl auch für Euro verkaufen würde. Das hätte allerdings die Stellung des Dollar als Weltwährung gefährden können.)

Besonders deprimierend für die amerikanische Friedensbewegung ist der Umstand, dass durch die Wiederwahl, oder besser die erstmalige Wahl von Oberbefehlshaber Bush, der Irakkrieg nachträglich eine Art Legitimation erhielt. Auch wenn in New York City und Washington, D.C., über 80 Prozent für Kerry stimmten – das flache Land war von Angst besetzt. Wenn die irrationale Massenpsychose um sich greift, welche Akzeptanz hat dann noch das rationale Völkerrecht?

Vielleicht sollte ich lieber nicht meine Freunde in New York erwähnen, die schon vor der Wahl ganz krank vor einer anderen Sorge waren: Sie fürchteten, die neuen elektronischen Wahlautomaten könnten manipulierbar sein. Deren Herstellungsfirma DIEBOLD hatte bekanntlich Geld für den republikanischen Wahlkampf gespendet. Wo kein Stimmzettel, da keine nachprüfbare Auszählung. Erst jetzt versuchen einige Kongressabgeordnete ein Gesetz einzubringen, wonach künftig als Kontroll-Beleg Wahlzettel ausgedruckt werden sollen.

In der an Bodenschätzen und Ölpipelines reichen Ukraine hat es offenbar nicht nur auf einer Seite Unregelmäßigkeiten gegeben. Das Schlimme ist, dass man nichts und niemandem glauben kann, weil es eben nicht um Demokratie oder um Wahrheit, sondern überall um Macht, Öl, Einfluss und Geld geht.

Die gefährlichste, bereits im Einsatz befindliche Massenvernichtungswaffe ist die der Desinformation. Erstmalig hätten alle westlichen Geheimdienste die «gesicherte Erwartung», dass «der nächste Anschlag des al-Qaida-Netzwerkes wohl mit nuklearen Mitteln geführt wird», will der *Spiegel* vom 22. 11. 04 aus «EU-Kreisen» erfahren haben. Nicht die Spur eines Beweises oder einer gesicherten Quelle. Geheimdienste sollen Verbrechen verhindern und, wenn sie können, über ihre Erfolge *hieb- und stichfest* informieren. Wenn

Sicherheitsüberlegungen dagegensprechen, sollen sie den Mund halten und nicht durch Verbreitung unüberprüfbarer Horrormeldungen Ängste und Ressentiments schüren und derart die Bürger entmündigen. Denn eigene Urteilskraft ist die Basis der Demokratie. So viel ist bekannt: Die neue Runde atomaren Wettrüstens geht eher nicht von al-Qaida aus.

In der *Bild*-Zeitung vom 24. 11. 04, die ich nur deshalb aufschlage, weil sie kostenlos beim Bäcker verteilt wurde, zwischen einem Foto von Osama bin Laden und einem von drei Londoner Hochhäusern die Meldung: «Der britische Geheimdienst und Scotland Yard haben einen Terroranschlag auf das Londoner Finanzviertel vereitelt! Die Drahtzieher sollen Verbindungen zu Osama bin Laden haben. Ob und wie viele Terroristen verhaftet wurden, ist nicht bekannt. Laut *Daily Mail* sollten Terroristen ausgebildet werden, um entführte Flugzeuge in den höchsten Londoner Büroturm (Sitz der Zeitungen *Daily Telegraph* und *Daily Mirror*) und die benachbarten Bürohochhäuser der HSBC- und Citibank zu steuern. Ein Mitarbeiter des Geheimdienstes: ‹Hier wurde ganze Arbeit geleistet, um eine eindeutige Bedrohung zu stoppen.›»

Wer hat ein Interesse an solcher Panikmache? Angeblich war doch der von der *Allianz gegen den Terror* unter Teilnahme der Bundeswehr in Afghanistan geführte Krieg sinnvoll und hat al-Qaida wenn nicht zerschlagen, so doch empfindlich geschwächt. Wieso ist al-Qaida plötzlich omnipotent und gegenwärtiger denn je, selbst auf dem Balkan und in den europäischen Hauptstädten? Weshalb habe ich das bedrohliche Gefühl, es hier vielleicht mit dem Schüren von Fremdenfeindlichkeit, also mit Volksverhetzung zu tun haben zu können? Wer den medialen Verschwörungstheorien misstraut und über zugrunde liegende Lobby-Interessen sinniert, wird leicht selbst als Verschwörungstheoretiker gebrandmarkt. Deshalb kommentarlos eine Internet-Recherche:

Eine viertel Seite groß in der *Süddeutschen Zeitung* vom 13./14.11.04 eine Annonce mit der fetten Überschrift: «Das nächste ‹Madrid›. Werden Terroristen es in eine tödliche Gaswolke hüllen?» Die Kernaussagen des Textes: «In einem dicht besiedelten Vorort von Lyon haben französische Sicherheitseinheiten vor kurzem einen schockierenden Plan aufgedeckt. Eine terroristische Zelle mit Verbindungen zu al-Quaida plante einen Anschlag mit hochgiftigen chemischen Waffen auf eine europäische Metropole. Tausende, wenn nicht Zehntausende Menschen hätten sterben können … Die fünf verdächtigen Attentäter unterhielten enge Verbindungen zu Terroristen in anderen Ländern Europas, in Algerien und im Mittleren Osten … Polizei und Sicherheitskräfte haben ähnliche Pläne auch in anderen europäischen Ländern aufgedeckt und verhindert. Dutzende von Verdächtigen wurden verhaftet – und geheime Lager mit Chemikalien, Schutzkleidung und den Stadtplänen der ausgewählten Städte entdeckt … Europa – das gesamte Europa – muss gegen den Terrorismus geschlossen handeln, behutsam und überlegt, aber mit allem nötigen Nachdruck. Die aktuelle Bedrohung ist zu real.»

Als Unterzeichner eine EUROPEAN SECURITY ADVOCACY GROUP. Keine Namen. Aber die Adresse einer Website: www.esag. info. Diese trägt den Titel «Keine Zukunft dem Terrorismus». Unter der Rubrik: *Worum wir uns bemühen:* «Seit einigen Monaten lesen Sie diese Anzeigen, die sich mit der Fratze des Terrorismus auseinander setzen. Die einfache Antwort auf die Frage nach dem Warum einer solchen Kampagne lautet: Irgendjemand muss es tun. Man darf nicht nur beobachten und schweigen … Denken Sie an die heimtückischen Bombenattentate der baskischen ETA oder an die von Al-Qaida initiierten grässlichen Anschläge auf dem Balkan. … Unvorstellbar, was noch hätte passieren können, wenn nicht gut vorbereitete und ausgestattete Sicherheitskräfte in mehreren Dutzend Ländern Schlimmeres verhütet hätten. Aus all diesen Gründen ist es wichtig, über Terrorismus öffentlich zu reden und ihn immer wieder ins Bewusstsein zu rufen.»

Unter der Rubrik: *Wer wir sind,* auch keine Namen. Man erfährt, dass es um eine nach dem 11. September gegründete Gruppe (von Wirtschaftsführern, wie andere Links wissen wollen) geht, die sich von Kommunikationsexperten und Hochschulprofessoren beraten lässt. Immerhin eine Telefonnummer mit Luxemburger Vorwahl. Eine freundliche, gebrochen Deutsch sprechende Frau erklärt mir, dass ihre Bank, die französische Nord Credit Investment, Büros in Luxemburg hat, aber nichts mit der European Security Advocacy Group zu tun habe, sondern ihr wiederum nur Büros vermiete. Mehr könne sie aus Gründen der Security nicht sagen. Ich könne aber eine E-Mail schreiben. Unter der weltweiten Domain-Suchmaschine Allwhois.com auch kein Hinweis auf die Website und ihre Betreiber.

Google bietet immerhin Links von der ADVOCACY GROUP zu anderen Websites an. Einer führt zum «Sicherheitsforum Baden-Württemberg». Noch bevor die Mitglieder dieses Forums vorgestellt werden, wird man darauf hingewiesen, dass externe Links nur aufgenommen wurden, sofern rechtswidrige Inhalte auf der verlinkten Seite nicht ersichtlich waren. «Sollte das Sicherheitsforum Baden-Württemberg feststellen oder von anderen darauf hingewiesen werden, dass ein konkretes Angebot, zu dem ein Link bereitgestellt wird, eine zivil- oder strafrechtliche Verantwortlichkeit auslöst, wird diese Verlinkung umgehend entfernt.» Unter den für diesen Aufwand wenigen, nämlich acht «anderen» Links an letzter Stelle jene anonyme Advokaten-Gruppe.

Zu den Mitgliedern des Sicherheitsforums Baden-Württemberg zählen u. a.: das dortige Innenministerium, das Landesamt für Verfassungsschutz, das Wirtschaftsministerium, der Landesverband für die Baden-Württembergische Industrie und DaimlerChrysler.

DaimlerChrysler baut nicht nur Luxuslimousinen, sondern gehört zu den wichtigsten Rüstungskonzernen der Welt. Er ist Großaktionär beim europäischen Luft- und Raumfahrtkonzern EADS. Am 2. Dezember 2004 unterstrich der Konzern die positive Signalwirkung des Ja des Bundestages zur zweiten Eurofighter-Tranche auf die noch laufenden Schlussabstimmungen der anderen Teilnehmerländer. Der Eurofighter sei das erste europäische Kampfflugzeug, das die Anforderungen an NATO- und EU-Streitkräfte zur «Vernetzten Operationsführung» uneingeschränkt erfüllt. Bereits einen Tag später verkündet EADS, er sehe die Chance auf einen Rüstungsauftrag aus den USA in Milliardenhöhe. EADS erzielt derzeit jährlich 500 bis 600 Millionen Dollar Umsatz in den USA. Mit den neuen Verträgen könnte der Umsatz ab 2007 zwei Milliarden Dollar erreichen.

Ende der Durchsage.

«Krieg wird sein, solange auch nur ein Mensch am Krieg verdient», wusste Bertolt Brecht. Den Verteidigungsetat zahlt der von Soziallasten verstimmte Steuerzahler. Was ihn die jüngsten Kriege im Kosovo, in Afghanistan und im Irak tatsächlich gekostet haben, wird er wohl nie erfahren. Gleichzeitig ist kaum noch zu verbergen: Angriffskriege sind die exzessivste Form von Terrorismus. Sie verschlimmern alles und lösen nichts. Bis die uneinsichtigen Bürger der Illusion erliegen, «gut ausgestattete Sicherheitskräfte» (also vor allem hochgerüstete Soldaten) könnten sie im Ernstfall tatsächlich schützen, bedarf es geistiger Mobilmachung. *Irgendjemand muss es tun.* Immer mehr Lobby-Gruppen kaufen sich Zeitungsplatz, nicht wie bisher für Produktwerbung, sondern um da weiterzumachen, wo die Bereitschaft der Journalisten aufhört.

Durch den Irakkrieg sind die Gewinne der Rüstungskonzerne weltweit wieder auf den Höchstwert gestiegen, den sie in den 80er Jahren des Kalten Krieges hatten, ermittelte das Stockholmer Friedensforschungsinstitut. Die Militärausgaben der Industriestaaten übertreffen deren Zahlungen für Entwicklungshilfe um mehr als das Zehnfache und waren größer als die gesamten Auslandsschulden der armen Länder. Und obendrein müssen, nach Angaben der OECD, diese Länder die Summe der erhaltenen Entwicklungshilfe jährlich mehrfach durch Zinsen und Schuldentilgung zurückzahlen.

Was für eine Welt! Jährlich sterben 50 Millionen Menschen an Unterernährung, Seuchen und heilbaren Krankheiten. Das heißt, jedes Jahr kostet die Menschheit dieser Frieden etwa so viel Opfer wie der Zweite Weltkrieg in sechs Jahren. Dabei würde ein Zwanzigstel der Rüstungsausgaben reichen, um die schlimmste Armut zu beseitigen. Ist es verwunderlich, dass in einer Welt von so gottloser Ungerechtigkeit die fundamentalistische Wut wächst?

Terrorismus ist ein Schrei, der gehört werden will. Wie viel irakisches Selbstbewusstsein verletzt wird, wenn in Bagdad jetzt demonstrativ der weltweit größte Botschaftspalast für 3000 Angestellte gebaut wird, eine Art amerikanisches Headquarter für die arabischen Protektorate, lässt sich vorstellen. Aus den uns zugeteilten Interviewsegmenten von Osama bin Laden, dieser verstoßenen Kreation der CIA, wird gern herausgehört, er wolle die Muslime gegen die Ungläubigen verteidigen. Noch lieber wird sein Vorwurf überhört, die Amerikaner würden den Muslimen das Erdöl stehlen, und gegen diesen größten Terrorismus der Welt helfe nur, mit gleicher Münze heimzuzahlen. Auf diese Gewaltanmaßung muss mit allen rechtsstaatlichen Mitteln reagiert werden, sonst ist die Zivilisation gefährdet. Eine falsche Reaktion gefährdet die Zivilisation jedoch erst recht.

Einer der engsten Bush-Berater, der Historiker J. L. Gaddis, behauptet, wenn die Europäer bessere Lösungen als präventive Angriffskriege hätten, so würde die Bush-Administration diese gern hören, bislang hätte er aber keine besseren Vorschläge vernommen. Aus Sicht der Macht und des Profits ist die unermüdlich vorgetragene Lösung von (Oppositions)-Politikern, Intellektuellen und alternativen Bewegungen nicht nur aus Europa, sondern auch aus dem Nahen und Fernen Osten, aus Lateinamerika oder vom UNO-Generalsekretär natürlich nicht besser: Wir müssen die Armut bekämpfen, die den Terrorismus hervorbringt.

Armut im weitesten Sinne. Dazu gehört auch die neokoloniale Demütigung, mit der viele Länder um ihre Reichtümer und die Menschen um ihre Würde gebracht werden. Was über Generationen gewachsen ist, wird Generationen brauchen, bis es sich auswächst. Es wäre schon viel gewonnen, wenn es gelingt, den Hass nicht zu verstärken, sondern abzubauen. Wir können uns vor Selbstmordattentätern nicht schützen und wollen dennoch, dass sie damit aufhören. Also werden wir mit ihnen verhandeln, ihnen zuhören müssen. Irrationalismus, Fundamentalismus, Fanatismus sind durchaus auch unter Gebildeten ein Defizit an humanistischer Empfindung und Gesinnung. Doch zur Armut gehört auch die Unbildung von Milliarden. Analphabeten können weder die Bibel noch den Koran angemessen auslegen. Gläubigen und Ungläubigen müsste vermittelt werden, dass sie letztlich verwandte Glücksvorstellungen und ähnliche Sehnsüchte haben. Die Beseitigung von Feindbildern ist allemal ein besserer Vorschlag als die Beseitigung von Feinden. Eine solche menschenfreundliche Entwicklung müsste natürlich ergänzt werden durch das konsequente rechtsstaatliche Verfolgen von terroristischen Verbrechen – sowohl vor nationalen Gerichten als auch vor dem ISGH.

Unsere Waffe ist die friedliche Demokratie. Einen anderen Schutz vor Terrorismus gibt es nicht. Wir sind auf dieser Erde verdammt, uns zu vertragen. Und das geschieht uns recht.

Die Crux ist eben nur: Solange der Kampf um Naturschätze und Märkte mit Waffen ausgetragen wird, solange sich mit Bombern, Minen und Panzern und der langwierigen Beseitigung ihrer Zerstörungen mehr verdienen lässt als mit Bewässerungstechnik, Mähdreschern, Schulen und Krankenhäusern, scheint mir jeder moralische Appell für die Katz. Solange wir uns in der Logik des Kapitals, also des Maximalprofits, bewegen, und ich sehe keine andere Logik, dürfen die Lösungsvorschläge nicht unlogisch sein. Daraus folgt, dass wir aufgerufen sind, Bedingungen zu schaffen, unter denen Frieden ein besseres Geschäft ist als Krieg. Am Frieden und am Krieg verdienen nicht dieselben. Letztlich entscheiden aber Regierungen, wer woran verdient. Überlassen wir ihre Beeinflussung nicht den Waffenlobbyisten. Deren Reichtum ist ein Armutszeugnis für uns. Sind wir wirklich gezwungen, Regierungen zu wählen, die mit unseren Steuergeldern Schwerter sponsern statt Pflugscharen? Lebten wir längst im ewigen Frieden, wenn Rüstungsetats durch Volksentscheide verabschiedet würden?

Max van der Stoel, Hoher Kommissar der OSZE: «Es ist meine feste Überzeugung, dass Kapital, das in Konfliktverhütung investiert wird (und ich sage absichtlich: ‹investiert›, nicht bloß ‹ausgegeben›), gut und sinnvoll investiertes Kapital bildet. Denn Konfliktverhütung ist preiswerter als friedenserhaltende Maßnahmen, und diese sind wiederum preiswerter als Krieg.» Für das Geld, das der Kosovo-Krieg gekostet hat, so haben Fachleute berechnet, hätte man jeder Familie im Kosovo ein neues Haus mit Swimmingpool bauen können. Ich bin sicher, Nachbarn solcher Häuser hätten sich vertragen – egal ob Serben, Kroaten oder Bosnier.

Das Problem ist nicht, dass Geld ausgegeben wird, sondern dass es falsch ausgegeben wird. Um dies zu veranschaulichen, wäre es eindrucksvoll, wenn zum Beispiel eine Advokaten-Gruppe der Friedensforschungsinstitute die Zeitungen mit einer täglichen Rubrik beliefern würde, unter dem Motto: Was wir uns heute leisten könnten. Dort müsste vorgerechnet werden, weshalb für jeden Beschäftigten in der Rüstungsindustrie zweieinhalb zivile Arbeitsplätze bezahlt werden könnten. Oder: Statt 21 Eurofighter anzuschaffen, könnten mehr Menschen ein ordentliches Jahresgehalt bekommen, als Köln Einwohner hat. Oder: 110 000 Lehrerinnen könnten ein Jahr unterrichten, wenn wir auf die geplanten Transporthubschrauber verzichteten. All dies wäre anschaulich umzurechnen auf die täglichen Ausgaben von etwa 70 Millionen Euro, jahrein, jahraus …

Was kann der kleine Bürger für den großen Frieden tun? Was kann Friedensbewegung? Es bleibt eine schwierige Balance zwischen *sich keine Illusionen machen* und *nicht resignieren*. Auch wenn Millionen Demonstranten in aller Welt den Krieg nicht verhindern konnten, so war es doch ein großer Unterschied, ob das Unrecht schweigend hingenommen wurde oder ob die Friedenswilligen sich erhoben haben. Jede Art von Protest und zivilem Ungehorsam wird gebraucht, wobei die Formen der Gegenöffentlichkeit, der Aufklärung in Medien, soweit sie für die Friedensadvokaten zugänglich sind, auf Foren, in Gerichtssälen und im Internet immer wichtiger werden. www.friedenskooperative.de ist sehr empfehlenswert, unglaublich umfangreich und informativ, ein großer Chatroom für alle, die das bloße Zuschauen nicht mehr aushalten. Die eigene Ideen und Erfahrungen einbringen wollen. Oder Hilfe brauchen.

Wie das Grüppchen von Friedensaktivisten, die unlängst vor den Toren des Fliegerhorstes im rheinland-pfälzischen Büchel an die dort stationierten Bundeswehrsoldaten Flugblätter verteilten. Sie erinnerten daran, dass die Stationierung von Atomwaffen auf diesem Militärflugplatz nicht in Übereinstimmung mit dem Gutachten des Internationalen Gerichtshofes vom 8.7.95 steht, sondern völkerrechtswidrig ist. Die Nutzung dieser Waffen im Kriegsfall verstößt auch gegen die Verpflichtung der Bundesrepublik aus Art. 2 des Nichtverbreitungsvertrages und gegen das Grundgesetz, befanden sie. Und riefen die Soldaten auf: «Verweigern Sie jegliche Beteiligung an der völker- und grundgesetzwidrigen nuklearen Teilhabe!»

Dafür sind sie wegen «öffentlicher Aufforderung zu Straftaten, zu Gehorsamsverweigerung und Meuterei und zu Verabredung zur Unbotmäßigkeit» angeklagt worden. Es wäre zu erwarten gewesen, dass das Gericht die völker- und verfassungsrechtlichen Thesen des Flugblattes prüft und sie, im Falle ihrer Ablehnung, mit dem Rechtsgut der freien Meinungsäußerung abwägt. Doch das Amtsgericht Cochem sprach am 23.11.04 ohne jede Begründung in der Sache vier Urteile: einmal zwei, einmal einen Monat Haft ohne Bewährung und zwei Geldstrafen von je 1350 Euro.

Nach international gültigem Recht ist ein Krieg ohne UN-Mandat ein Angriffskrieg. Wenn draußen das Völkerrecht keine Autorität mehr hat, schleifen sich auch drinnen abenteuerliche Argumentationen ein. Der Generalbundesanwalt und andere Juristen hatten keine Mühe zu begründen, weshalb die deutsche Teilnahme an dem unerklärten Krieg gegen Jugoslawien ohne Mandat der UN *kein* Verstoß gegen Art. 26 des Grundgesetzes war, sondern lediglich der Abwendung einer «humanitären Katastrophe» diente. Dabei wissen sie offensichtlich nicht, was sie sagen, denn humanitär heißt menschenfreundlich, wohltätig. Was immer eine menschenfreundliche Katastrophe sein soll – sie wäre allemal besser als die nichthumanitäre Katastrophe eines Krieges. Und in der Tat, im Kosovo hatte es weder Völkermord noch systematische Vertreibungen gegeben, sondern einen sich gerade entspannenden Bürgerkrieg mit einer sehr überschaubaren Zahl von Opfern und Flüchtlingen. Die Vertreibungen und große Opferzahlen unter Zivilisten waren erst Folge der mit Bomben beendeten «humanitären» Katastrophe.

In Berlin erlebte ich eine Anhörung von Überlebenden des NATO-Bombardements im serbischen Städtchen Vavarin. Besonders nachhaltig hat sich mir die Schilderung von Vesna Milenkovic eingeprägt. Ihre einzige Tochter, die 16-jährige Sanja, hatte die Mathematik-Olympiade gewonnen und war als Auszeichnung auf ein Elite-Gymnasium in Belgrad delegiert worden. Als im März 1999 die Bombardements begannen, holten die besorgten Eltern ihr Kind zurück; Vavarin liegt auf halber Strecke zwischen Belgrad und Kosovo, ein Ziel ohne jegliche militärische Bedeutung. Am Morgen unseres Pfingstsonntages, der für serbisch-orthodoxe Christen das Fest der Heiligen Dreifaltigkeit, des ewigen Lebens ist, schien 1999 über ganz Europa die Sonne; Vesna und ihr Mann Zora waren mit der Vorbereitung des Festessens beschäftigt, Sanja und ihre Freundinnen machten sich hübsch zum Kirchgang und Wochenmarkt jenseits des Flüsschens Morava. Ein bisschen Gel ins Haar, etwas Lidschatten von der Mama.

Die Mädchen überqueren gerade die schmale Brücke, als zwei Kampfjets herandonnern und sie mit Raketen beschießen. Der mittlere Teil der Brücke stürzt in den Fluss, Sanja liegt bewusstlos, mit dem Kopf nach unten. Menschen stürzen in Panik auf die Brücke, um die Verletzten zu bergen, als zwei weitere NATO-Flugzeuge ihre tödlichen Schrapnelle auf die bereits zerstörte Brücke abfeuern. Noch vor den Rettungsfahrzeugen trifft die Mutter, alarmiert durch die Detonationen, am Ufer ein. Sanja ist tiefer gerutscht, ihre Haare hängen im Fluss. «Ich stand schon bis zur Brust im Wasser, um zu meiner Tochter vorzudringen, aber die Strömung war viel zu stark.» Die Mutter ertrinkt fast, jemand zieht sie heraus. Endlich wird Sanja auf einem Brett geborgen, im Krankenwagen überzeugt sich die unter Schock stehende Vesna immer wieder, dass die Augen ihrer Tochter sich bewegen, sie atmet schwer. Noch auf dem Brett wird Sanja in den OP getragen.

Doch der Chirurg kam schon bald wieder heraus, zog sich die Gummihandschuhe aus. Sanja hatte innere Verletzungen, Splitter im Hinterkopf, in der Lunge, ihr Körper war völlig zerrissen. Jetzt steht Vesna am Rande des Wahnsinns, begreift die Nachricht nicht, glaubt an die heilende Wirkung von Mutterliebe, lässt Zora das leblose Mädchen zum Auto tragen, setzt es auf den Beifahrersitz, badet das Kind zu Hause und sieht die große Wunde vom Rücken zum Bein …

Während Zora, der Bürgermeister, am nächsten Morgen einen weißen Sarg bestellte, berichtete der NATO-Sprecher, man habe die «Autobahnbrücke», eine «Hauptkommunikationslinie», also ein «vorgesehenes, legitimes Ziel» getroffen. In Wahrheit war die Brücke nur viereinhalb Meter breit, sodass die Autos nur in eine Richtung fahren konnten, für Militärtransporte war sie auch wegen ihrer geringen Tragfähigkeit ungeeignet.

Um ihrem Leben noch irgendeinen Sinn zu geben, begann Vesna Milenkovic ein Jurastudium. Sie wollte wissen, wer das Recht hatte, ihrem Kind, ihrer Familie, den Familien der anderen neun getöteten Zivilisten und den vielen Verletzten, ihrem Städtchen, ihrem Land das ungestraft anzutun. Später verklagten 34 Hinterbliebene und Schwerstverletzte aus Vavarin die Bundesrepublik Deutschland wegen Beteiligung an einem Kriegsverbrechen auf Schmerzensgeld und Schadensersatz. Es geht ihnen nicht um Geld, sondern um Gerechtigkeit. Immerhin flogen deutsche Tornados in diesem Krieg etwa 450 Einsätze. Die Angriffsziele sind von den NATO-Partnern gemeinsam festgelegt worden.

Die Klage wurde in allen großen Zeitungen als «ein Verfahren für die Rechtsgeschichte» mit Spannung verfolgt. Es fand in einer Umbruchphase des Völkerrechts statt, das einzelne Täter strafrechtlich verfolgt und die Opfer individuell schützt. Doch das Landgericht Bonn hat die Klage als unbegründet zurückgewiesen, da sowohl die

Haager Landkriegsordnung als auch das Genfer Abkommen zum Schutz der Zivilbevölkerung nur den Unterzeichnerstaaten, nicht aber der Zivilbevölkerung, das Recht zur Klage einräumt. Und statt den mittellosen Klägern dadurch Respekt zu zollen, ihnen nicht noch weiteres Leid zuzufügen, in dem Deutschland wenigstens die Prozesskosten übernimmt, droht das Gericht ihnen mit Pfändung, falls sie die Summe von 16 000 Euro nicht pünktlich aufbringen.

Ich schlage vor, unter einem geeigneten Dach wie der *Humanistischen Union* oder dem *Bundesarbeitskreis kritischer Juragruppen* einen zentralen Solidaritätsfonds für Justizgeschädigte der Friedensbewegung einzurichten. Ebenso eine kostenlose Rechtsberatung für Wehrdienstverweigerer und andere zivile Ungehorsame. Im Rechtsstaat muss man auf der Klaviatur der Justiz spielen können. Und gegebenenfalls Missklänge und Dissonanzen lautstark zu Gehör bringen.

Was können die Friedensbewegten tun? Vom Kochen eines heißen Tees für Blockierer über solidarische Briefe für Inhaftierte bis hin zur Erörterung der Rechtmäßigkeit der Nutzungsrechte amerikanischer Militärbasen in Deutschland und zur Einmischung in die weltweite Diskussion über Prävention und Ergänzungen zum Völkerrecht liegt wahrlich ein weites Spektrum für Unbotmäßigkeit. Vorschlag für ein konkretes Nahziel: die Ächtung des Krieges in der EU-Verfassung.

Märchen aus 10 und 1 Nacht

Wächst im Jemen zusammen, was zusammengehört?

Zehn Tage und Nächte hatten wir uns die spannendsten Geschichten erzählt, über Toleranz und kulturelle Identitäten, die Überwindung von Hass und Gewalt, über die Gotteslästerung, Krieg als heilig zu erklären, über die Kraft von Literatur, von Liebe und Erotik und von der Freiheit des Wortes. Auch darüber, dass der schönste Kulturdialog kein Alibi dafür sein darf, die wirklichen Ursachen von Terrorismus aus dem Auge zu verlieren: die Demütigung des Südens durch den Westen, messbar an der extremen ökonomischen Ungleichheit und die extremistische Glaubensverirrung von Islamisten.

Als unsere wohlbehütete Delegation von dreißig arabischen und deutschen Schriftstellern und Literaturförderern trunken von der Schönheit dieses Gartens Eden abreiste, hatte der Jemen mit seinen Farben, Düften und Klängen, mit seiner Güte und Gastlichkeit unsere Herzen und Sinne erobert. Auch konnten wir hoffen, einen bescheidenen Beitrag zu besserem gegenseitigem Verständnis geleistet zu haben.

Zwei Wochen später wurde einer unserer couragiertesten und sachkundigsten Gesprächspartner erschossen: Jarallah Omar. Der Tod des Vizevorsitzenden der Sozialistischen Partei und intellektuellen Kopfes der jemenitischen Opposition war in Europa kaum eine Erwähnung wert. Eher schon die am nächsten Tag von demselben islamistischen Täterkreis erschossenen drei baptistischen Ärzte aus den USA. Tragische, sinnlose Opfer fundamentalistischer Verbrecher allesamt, trauernd erinnern aber kann ich nur an die Freundschaft, die eben erst beginnen sollte. Wer war Jarallah Omar?

Die elfte der Reise gewidmete Nacht ist eher schlaflos, versucht womöglich überhörte Andeutungen, Vorzeichen, Zwischentöne zu rekonstruieren. Glasklar lassen sich die Szenen abrufen, in denen die Gastgeber dem Ehrengast Günter Grass und seinem Gefolge das

Gefühl gaben, «sicher wie in Abrahams Schoß» zu sein. Und das, obwohl das Auswärtige Amt unserer Delegation eindringlich von dem Vorhaben abgeraten hatte. Fast verhüllt vom elysischen Nebel aber schon die Frage, ob wir, nein ob ich je besorgt war über die Sicherheit unserer Gesprächspartner?

Jarallah Omar, so höre ich, ist als aufgeklärter und scharfsinniger Kopf ein gern gesehener Gast in der Friedrich-Ebert-Stiftung in Sana'a. In der im Süden gelegenen einstigen «Sozialistischen Volksrepublik Jemen» war er Parlamentsabgeordneter. Man sagt, er wolle seine bisweilen noch von Dogmatismus geprägte Partei modernisieren. Bei einem festlichen Abendessen ist er mein Tischherr. Nicht ganz zufällig. Die DDR unterhielt freundschaftliche Kontakte zu beiden Teilen des Jemen, baute im Norden das Telefonnetz und eine moderne Telefonzentrale in Taizz, obwohl das eigene Netz sehr mangelhaft war. Sie ließ 3000 Jemeniten in der DDR studieren. Überall begegnen uns diese fließend deutsch sprechenden Männer. Als Universitätsprofessoren, Chefärzte, Ingenieure oder Historiker sind sie heute ein gewichtiger Teil der akademischen Elite – im Unterschied zu denen, die damals als DDR-Bürger mit ihnen studiert haben. Über den ungleichen Lohn für gleiche Leistung wissen diese Jemeniten meist staunend Bescheid, denn sie haben noch Freunde in Ostdeutschland. Wovon auch ich profitiere, schnell kommt Vertrautheit auf.

Im sozialistischen Süden nahm man die von der DDR angebotene Entwicklungshilfe noch vorbehaltloser an. Jarallah Omar schildert mir, was das bedeutete: In der Landwirtschaft wurden gemeinschaftlich genutzte Maschinen-Traktoren-Stationen eingerichtet, das polytechnische Bildungswesen wurde übernommen, erstmals lernten Jungen und Mädchen in gemeinsamen Klassen, wahrscheinlich nach demselben Mathe-Lehrbuch wie zu meiner Zeit. Innerhalb einer Generation wurden die Analphabeten von einer Mehrheit zu einer verschwindenden Minderheit. Frauen wurden berufstätig, Männer gewöhnten sich selbst an die Autorität von Richterinnen.

Teile des DDR-Familiengesetzes wurden eingeführt: Die vom Koran dem Mann erlaubte Vier-Frauen-Ehe wurde verboten, und die Ehe zu zweit setzte sich durch. Scheidungen kamen nicht wie zuvor (und heute wieder) dadurch zustande, dass der Mann die Frau vertrieb, sondern nur durch Gerichtsbeschluss. Männer klagten nicht aus Übermut, denn die Mutter bekam Kinder und Haus. Blieb die Ehe kinderlos, durfte sich der Mann nur mit Einwilligung seiner Erstfrau eine zweite nehmen. Sogar lesbische Beziehungen waren legal.

Mein Tischherr sieht, wie ich mir Notizen mache, seinen Namen buchstabiere, und sagt: «Sie können mich ruhig zitieren, ich fürchte mich nicht, zu meiner Meinung zu stehen.» Einen Moment blicke ich irritiert, denn davon war ich sowieso ausgegangen.

Unmittelbar nach der Revolution von 1967 gab es nicht nur öffentliche Schleierverbrennungen; das Tragen des Schleiers wurde unter Androhung von sechs Monaten Haft verboten. «Aus heutiger Sicht meine ich, dass dies übertrieben war, aber wir sahen keine andere Möglichkeit, die Männer zur freiwilligen Aufgabe ihres Privatbesitztums Frau zu bewegen. Es schien uns nötig, den Bruch der Tradition zu erzwingen», sagt Omar. In Aden und anderen Städten seien die Neuerungen freudig begrüßt worden, auf den Dörfern soll es schwieriger gewesen sein. «Und für die übrigen arabischen Staaten war dieser Umgang mit dem geheiligten Schleier eine Katastrophe.» Das kleine Land wurde politisch und ökonomisch isoliert, mit den Versorgungsmängeln stieg die Unzufriedenheit und mit ihr der ideologische Druck des Staates. Verboten wurden der Besitz und das für Männer imagebildende Tragen von Waffen, eingeschränkt der Konsum der geliebten Droge Kat.

Kein Wunder, dass der Gedanke einer Vereinigung populär war und von beiden Seiten seit Jahren vorbereitende Gespräche geführt wurden. Als dann nicht nur die Hilfe aus der DDR, sondern auch aus der zusammenbrechenden Sowjetunion und aus Kuba ausblieb, konnte der Süden keine Bedingungen mehr stellen. Mit der Aufgabe des härteren südlichen Dinar (3,4 Dinar = 1 Dollar) und der

Einführung des nördlichen Rial (178 Rial = 1 Dollar) hatte der Norden sich weitgehend durchgesetzt. Bereits im Mai 1990 wird die staatliche Einheit verkündet.

Die Guthaben der Sozialistischen Partei werden eingefroren und von vielen Seiten wird Druck auf sie ausgeübt, aber alle Parteien aus Nord und Süd werden zugelassen. Nach mehrfacher Verschiebung finden 1993 freie Parlamentswahlen statt. Ali Abdullah Saleh, der auf Ausgleich und Verständigung orientierte Präsident des Nordjemen, gewinnt. Aber auch die oppositionelle Sozialistische Partei schneidet respektabel ab. Jarallah Omar wird für fünf Jahre Minister für Kultur und Tourismus. Doch die Restauration des Islam und der alten Stammestraditionen im ganzen Land aufzuhalten vermochte offenbar niemand. Verteilungskämpfe beginnen, heißblütiger geführt als in Deutschland. Einige Vertreter des Südens möchten sich wieder abspalten, 1994 beginnt ein verlustreicher Sezessionskrieg, der mit der Einnahme Adens durch die Regierungstruppen endet. Der Krieg schwächt die Wirtschaft, die Demokratie und die Toleranz. Die Schuldigen fliehen ins Ausland.

«Die Einheit war gewollt, aber nicht so.» War es mein Satz oder der des Mitglieds des Adener Schriftstellerverbandes? Als ich ihn fragte, ob man sich hier ähnlich wie in Ostdeutschland als Bürger 2. Klasse fühle, lachte er hell auf und antwortete: «Als Bürger 10. Klasse.» Er weiß, genau wie Omar, wie es ist, wenn die eigene Lebensleistung, das bisherige Wertesystem nicht mehr anerkannt werden und die jüngste Geschichte diffamiert wird.

Ein harmloses Beispiel erlebe ich bei einer Führung durch Shibam, dieses «Manhattan der Wüste» oder diese «Poesie in Lehm», wie Günter Grass es nennt. Beim Gang durch die dicht aneinander gedrängten, oft siebenstöckigen Lehmhäuser erklärt uns in hartem Englisch ein Touristenführer, der, wie nicht wenige jemenitische Männer, sein ergrauendes Haar mit Henna hellrot gefärbt hat: In sozialistischen Zeiten sei hier alles enteignet gewesen, und traditionsfeindlich, wie Kommunisten seien, hätten sie die jahrhundertealten Häuser einfach verfallen lassen. Erst seit die Stadt von der

UNESCO zum Weltkulturdenkmal erklärt wurde, ginge es wieder aufwärts. Alle nicken erleichtert, aber als einzige Ostdeutsche in der Gruppe bin ich skeptisch. Ich glaube ein Gespür dafür entwickelt zu haben, wo Klischees zu dick aufgetragen werden. Ich bitte einen uns begleitenden Geologen aus Mukalla, der in Greifswald promoviert hatte, Einwohner zu fragen, wie das war mit der Enteignung. Zu meiner Überraschung bekomme ich zu hören, dass es nichts dergleichen gegeben habe, die Lehmhochhäuser immer den darin wohnenden Familien gehört hätten, die nach ihren bescheidenen Kräften versuchten, Material und Handwerker zu bekommen …

Was stimmt? Wer hat Recht? Auf seine Art Günter Grass. Als er hört, nur noch drei über siebzigjährige Männer wüssten um die Geheimnisse des Lehmhochhausbaus, regt er an, für dieses Handwerk eine Berufsschule zu gründen, und spendiert auch gleich den finanziellen Grundstock. (Die UNESCO war auf diese nahe liegende Idee bisher nicht gekommen.)

Die Besitzunterschiede zwischen Nord- und Südjemen sind nicht so gravierend wie jene zwischen West- und Ostdeutschland. Die Armut ist flächendeckend. Aber wenn man fragt, wem heute die besseren Grundstücke und Häuser im Süden gehören, so werden nicht selten Offiziere oder einflussreiche Moslems aus dem Norden genannt.

Ich habe auf den Straßen des Landes keine einzige unverschleierte Jemenitin gesehen. Die Frauen sind völlig verhüllt vom schwarzen Sharshaf, der nur einen winzigen Sehschlitz frei lässt. Selbst im Hotelrestaurant balancieren die Frauen ihre gefüllte Gabel umständlich unter den Schleier, und während unseres «Dialoges der Kulturen» hören wir in Schwarz gehüllte Stimmen, ohne im mindesten zu ahnen, mit wem wir es zu tun haben. Auf diese Demütigung angesprochen, wagt keine Frau zu klagen. Verteidigende Worte wie Gewohnheit und Tradition fallen.

Ein einziges Mal gelingt es mir, eine kleine Einschränkung zu entlocken: Am Swimmingpool des Hotels in Aden spreche ich zwei Mütter an, die ihre planschenden Kinder beobachteten, während ihre eigene Badebekleidung darin besteht, statt des Gesichtsschleiers nur ein Kopftuch über den schwarzen Umhang gebunden zu haben. Sie entpuppen sich als fließend englisch sprechende Gattinnen von Männern aus Regierungskreisen, die mit ihren Familien zum Ramadan von Sana'a in den warmen Süden geflogen sind. Sie kennen Europa, wir unterhalten uns angeregt. Endlich räumt die jüngere ein, es sei schon hart, in einem heißen Land mit Hunderten von Kilometern Meeresküste zu leben und nie baden zu können.

In Sana'a unterhalte ich mich mit Frauen, die in den 60er Jahren aus der DDR dorthin geheiratet hatten. «Es war die Zeit der Miniröcke, und wir konnten diese Mode hier tragen. Heute laufen wir in weiten, langen Gewändern, und unsere Töchter gehen schon voll verschleiert.» Viele Mädchen würden heute nicht mehr zur Schule geschickt, da sie ja sowieso bald heiraten würden. Ich frage Jarallah Omar, folgerichtig und ahnungslos zugleich, weshalb seine Partei nicht mehr Zulauf unter Frauen habe. «Die Partei kann sich nur mit leiser Stimme gegen den Rückschritt aussprechen. Sonst würde sie in den Moscheen noch mehr angefeindet und bei Wahlen abgestraft. Der Islam ist auch unter Frauen stark.» Und lächelnd fügt er hinzu: «Meine Mutter ist moderner als meine Frau.» Was er unerwähnt lässt und was ich erst nach seinem Tod erfahre: In den Jahren nach der Vereinigung sind allein zwölf Funktionäre seiner Partei von aus Afghanistan heimgekehrten Mujaheddin oder militanten Islamisten unter dem Vorwurf von Ungläubigkeit ermordet worden.

Erst beim rückblickenden nächtlichen Blättern in meinen Notizen wird mir klar, dass dies in Omars Diskussionsbeitrag auf unserer Konferenz herauszuhören war, ich aber nicht nachgefragt hatte, als er sagte: «Alle arabischen Linksintellektuellen haben die Anschläge vom 11. September verurteilt, denn zuvor hat Bin Laden bereits auf uns geschossen. Aber die westlichen Medien berichten aus arabischen Ländern fast nur über al-Qaida und geben uns damit das Gefühl, sie wünschten ein klares Feindbild. Wir aber brauchen Unterstützung für unsere Überzeugung, dass auch in den arabischen

Ländern der Weg zur Demokratisierung über die Trennung von Kirche und Staat führen muss.»

Als sein langjähriger Freund, der im Pariser Exil lebende syrische Dichterfürst Adonis, in einer Abschlusserklärung diese Forderung aufgreift, kommt es beinahe zu Tumulten, und kein jemenitischer Autor wagt oder wünscht die Forderung öffentlich zu unterstützen.

Am letzten Tag unseres Aufenthalts lädt uns zu unserer Freude der Präsident der jemenitischen Menschenrechtsorganisation, Hamood Abdulhamid al-Hitar, zu einem Gespräch in sein Haus. Er ist zugleich Richter am Obersten Gericht und Initiator eines bemerkenswerten, gewagten Projekts. Entgegen dem vom amerikanischen Geheimdienst gemalten Bild des Jemen als einem Sympathisantenhort religiösen Fundamentalismus wurden aus Afghanistan zurückgekehrte al-Qaida-Kämpfer und Extremisten aus dem eigenen Land ohne konkrete Anklage inhaftiert, was moralisch verständlich, aber juristisch angreifbar ist.

Eine Vollversammlung der Rechtsgelehrten beschloss, die Gefangenen in Gesprächen mit Imamen und Juristen zu einer richtigen Interpretation des Islam zu befähigen und von der Gewalt abzubringen. Die meisten von ihnen seien Analphabeten mit starken Glaubensgrundsätzen, viele hätten den Koran auswendig gelernt, ohne ihn richtig interpretieren zu können. Schließlich würden 124 Suren des Korans zum Frieden mit Nichtmuslimen aufrufen, ein Gesetz verbiete das Töten. Nur Menschen, die den Islam aktiv bekämpften, verdienen laut Koran keinen Schutz. Jihad aber bedeute Kampf um das bessere Argument.

Welches das ist, bleibt allerdings umstritten. Aus Furcht, die an den Läuterungsgesprächen beteiligten Rechtsgelehrten könnten der Kollaboration mit dem Westen bezichtigt werden, waren außer Kadi al-Hitar nur drei Juristen zu dem Vorhaben bereit. Ihnen ist zu danken, dass nach den ersten, zweimonatigen Gesprächsrunden 36 von 104 Inhaftierten entlassen werden konnten und man sich um ihre soziale Integration gekümmert hat.

Auch Kadi al-Hitar hat dabei gelernt. Nachdem er geduldig den

Motiven und Überzeugungen der Extremisten zugehört hat, ist er sich jetzt sicher, auf welchen drei Wegen der Terrorismus bekämpft werden kann: das Austrocknen der verfehlten Gewaltideologie, das juristische Verfolgen von Gesetzesverstößen und das Engagement für einen weltweiten ökonomischen Ausgleich. Zum Abschied äußerte Günter Grass den Wunsch, es gäbe auch in den USA eine Kommission, die Präsident Bush ins Gebet nehme, Probleme nicht mit Kriegen zu lösen.

Märchen aus 10 und 1 Nacht? Wenige Minuten, nachdem Jarallah Omar als Gastredner auf dem Kongress der religiösen al-Islah-Partei eine leidenschaftliche Rede gegen die im Land verbreitete extreme Armut, Korruption, Einengung des demokratischen Spielraums, gegen Gewalt, Waffenkult und Todesstrafe gehalten hat, ist er erschossen worden. Der Herausgeber der englischsprachigen *Yemen Times* beschwört seine Leser in der Ausgabe vom 12. Januar 2003, die Arbeit des Hingemordeten fortzusetzen: «Es gibt keinen Zweifel, dass das Fehlen von Jarallah Omar das politische Bild des Jemen verändern wird. Wir müssen uns stets daran erinnern, dass die Anstrengungen dieses noblen Mannes jetzt nicht vom Winde verweht werden dürfen.»

Zehn Forderungen an eine neue Weltordnung
Vorgetragen auf der Lesenacht gegen den
Irakkrieg im Deutschen Theater Berlin

1. Aus gegebenem Anlass gehört eine Kopie des Guernica-Bildes zur obligatorischen Ausstattung aller öffentlichen Räume, in denen Verhandlungen über Krieg und Frieden stattfinden. Wer glauben machen will, Picasso habe sich mit seiner anklagenden Mahnung nicht auch an ihn gewandt, irrt. Er verkennt zudem Christos Erfahrung, wonach alles Verhüllte besonders auffällt.

2. Kriegsbereitschaft sollte, wenn irgend möglich, keine Ware sein, die man auf dem Basar kaufen kann. Um dieser Gefahr nicht ohnmünzig ausgesetzt zu sein, darf nicht länger hingenommen werden, dass die Hälfte der Menschheit in Armut lebt. Das Weltgewissen – eine noch zu entwickelnde Instanz – findet sich nicht länger mit dem neokolonialen Sinn für Gerechtigkeit ab, der die ärmsten Länder die Summe der erhaltenen Entwicklungshilfe jährlich mehrfach durch Zinsen und Schuldentilgung zurückzahlen lässt.

3. Fundamentalisten, die vorgeben, in Gottes Auftrag zu handeln, müssen verraten, welchem Gott sie zu Diensten sind. Der Über-Vater des Kapitals ist nicht sakrosankt. IN MONEY WE TRUST wird als Weltreligion nicht akzeptiert. Weil von der vorgeblichen Weltbeglückung doch meist nur die Kapitalbeglückung übrig bleibt. Beispiele sind im Bewusstsein zu halten.

   Etwa wie sich 1951 im Iran aus eigenen Kräften Parteien und eine plurale Presse herausbildeten und – erstmalig in der

Geschichte des Landes – eine demokratisch gewählte Regierung. Präsident Mohammed Mossadegh nahm sich die Freiheit, die bis dahin von Großbritannien beherrschte Ölindustrie nationalisieren zu wollen. Nach zwei Jahren war er von einer angloamerikanischen Allianz nach CIA-Konzept gestürzt, der vom Volk gehasste Schah wurde an seine Stelle gesetzt und die begonnene Demokratisierung der Region um Jahrzehnte zurückgeworfen.

Oder wie heute drei Viertel der einst jugoslawischen Zeitungen der WAZ-Gruppe gehören. Darin seitenweise Privatisierungsanzeigen. Siemens wirbt ganzseitig auf Deutsch, Übersetzung für die Eingeborenen nicht mehr nötig.

Zu erinnern wäre hartnäckig auch an die offenbar unergründliche Frage, warum in der Woche *vor* dem 11. September 2001 der Umsatz mit Aktien von Finanzinstituten aus 22 Stockwerken des World Trade Center und der beiden betroffenen Fluggesellschaften um 1200 Prozent stieg? Inspektoren in die Börse!

4. Ein ziemlich sicheres Mittel, Massenvernichtungswaffen nicht in Terroristenhände gelangen zu lassen, ist, sie ihnen nicht zu verkaufen. Ein sehr sicheres Mittel, Massenvernichtungswaffen nicht in Terroristenhände gelangen zu lassen, wäre, wenn sich alle 138 Vertragsstaaten, darunter die USA, an die unterzeichneten Abkommen über das generelle Verbot der Entwicklung, Herstellung und Lagerung biologischer und chemischer Waffen halten würden. Glasnost in die Waffenproduktion! Anthrax zur Hölle!

Wer es wagt, mit dem möglichen Einsatz von Atombomben zu drohen, wird bla(ir)miert bis auf die Knochen. Er wird gezwungen, öffentlich die UN-Resolution 1653 zu verlesen, in der es heißt, «dass jeder Staat, der nukleare

Waffen einsetzt ... ein Verbrechen gegen die Menschlichkeit und Zivilisation begeht».

Die himmelschreiende Ungerechtigkeit, nach der der Profit aus dem internationalen Waffenhandel so hoch ist wie das Einkommen der Hälfte der Weltbevölkerung, wird nicht länger hingenommen. UNO-Genehmigungspflicht als Vorstufe zu einem Verbot aller Waffenexporte. Zur Überprüfung sind Waffen vor dem Verkauf ab sofort satellitenkenntlich zu markieren, damit ihre Herkunft und ihr Verbleib jederzeit ersichtlich sind.

5. Gegenüber Verbrechern wie Saddam Hussein verteidigt man westliche Werte am besten, indem man sie selbst einhält.

Wer sich unter Verzicht auf den Kern des Völkerrechts an die Weltherrschaft bomben will, darf sich über die Wiederbelebung des Begriffs Imperialismus nicht allzu sehr wundern. Wir alten Europäer erwarten keine Dankbarkeit dafür, dass wir mit Millionen Kriegsgegnern in aller Welt, auch in *God's own country*, die amerikanischen Gründungswerte verteidigen, nämlich *right and democracy*. Aber die Geschichte möge notieren: Nicht wir waren Antiamerikaner, sondern Bush und Rumsfeld und Powell.

6. Geheimdienste haben sich ebenso an Menschenrechte zu halten wie Wirtschaftsunternehmen. Nicht nur, weil auch Saddams Sicherheitsapparat von KGB, CIA und BND ausgebildet wurde, stellt sich immer wieder die Frage nach der Legitimität dieser Dienste. Und wer zu seiner Amtszeit bekinkelt hat, dass der Irak regelmäßig Informationen über die in der Bundesrepublik lebenden irakischen Oppositionellen und Asylbewerber erhält, ist zu delegitimieren. Das gilt beispielsweise auch für das Kölner Großunter-

nehmen Boswau + Knaur. Ein für Saddam Hussein gebautes Gästehaus mit atombombensicherem 1800-Quadratmeter-Bunker hat der Firma 100 Millionen DM eingebracht. Einer von zahlreichen Bunkern, den bundesdeutsche Firmen zum Wohle der hiesigen Wirtschaft in Bagdad gebaut haben, wissend, dass Bunker die Hemmschwelle von Diktatoren herabsetzen.

7. Das Jüngste Gericht der Weltöffentlichkeit, in dem wir alle einen Sitz haben, darf sich nicht an die Lüge gewöhnen. Mit Gasmaske hinter verklebten Fenstern auf Impfstoff hoffend – dieses Thriller-Szenario ist nicht das Leben, auf das zu hoffen sich lohnt. Auch geistige Mobilmachung, also bewusste Desinformationen, Manipulationen und Fälschungen, die den Ausbruch eines Krieges legitimieren helfen, werden zu Straftatbeständen. Mindeststrafe ist die öffentliche Verleihung der Orwell-Medaille mit der Inschrift, die an die Front des Wahrheitsministeriums gemeißelt ist:

KRIEG BEDEUTET FRIEDEN
FREIHEIT IST SKLAVEREI
UNWISSENHEIT IST STÄRKE

Wer die Verblödungsapparate satt hat, unterstützt den Ruf: Fernsehgedemütigte aller Länder, vereinigt euch! Gründet einen linken Weltsender, ein CNN von unten! Kennwort: Eine andere Welt ist möglich.

8. Regierungen, die den Mut aufbringen, sich verfassungskonform zu verhalten, indem sie sich nicht an einem Angriffskrieg beteiligen, verdienen öffentlichen Respekt. Reicht ihr Männerstolz vor Königsthronen nicht bis zur letzten Konse-

quenz, unterstützt die couragierte Bevölkerung durch Sitzblockaden an Militärbasen, durch Streiks des Hilfsperso-
nals, durch Kriegsdienstverweigerung und Desertion, aber
auch durch konstruktive Vorschläge zu einer Friedensordnung das gemeinsame Ziel.

9. Demokratie darf sich künftig nur das System nennen, das
dem herrschenden Volk in der Frage aller Fragen, in der
Frage über Leben und Tod, über Krieg und Frieden, ein
Vetorecht einräumt.

10. Utopisten werden mit Nachsicht behandelt.

Globalisierung des Zorns
Das Weltsozialforum in Mumbai im Rückspiegel

Vorerst sind all die Kämpfer für eine andere Welt in die, ach, immer noch selbe Welt zurückgekehrt. Die indischen Straßenkinder der kleinen Theatertruppe, die mit ihrem unbefangenen, improvisierten Spiel bezaubert hat, werden wieder im Staub von Mumbai sitzen. Zurück in Bhopal ist der Dichter Ramprakash Tripathi, der Teile seines Gedächtnisses einbüßte, als vor nunmehr zwanzig Jahren mitten in dicht besiedeltem Gebiet wegen eingesparter Sicherheitsvorkehrungen die Chemiefabrik des US-Konzerns Union Carbide in die Luft ging. Bis heute sind 30 000 Todesopfer zu beklagen, und immer noch gibt es spezielle Hospitäler für Gasopfer. Heimgekehrt ist die vietnamesische Jugendgruppe, die über die grauenvollen Spätfolgen des im Krieg versprühten Entlaubungsgifts Agent Orange aufgeklärt hat, dem größten Chemiewaffeneinsatz, den es je gab. Noch heute ist der Dioxin-Gehalt im Blut von Menschen und Tieren der Region hundertmal höher als normal.

«Vergesst mich nicht», hatte beim Abschied Amauri Queiroz, Delegierter der Afrobrasilianer, gebeten, der an das immer noch nicht überwundene strukturelle Erbe aus der Sklaverei erinnerte: Obwohl die Schwarzen in seinem Land fast die Hälfte der Bevölkerung ausmachen, gehören die allermeisten von ihnen zu den Ärmsten der Gesellschaft; 97 Prozent der Studenten sind Weiße. Zurück in Kanada, wird ein junger Mann seiner Umweltgruppe berichten, welches Staunen er unter von ihrem Land vertriebenen Dalits – Unberührbaren – auslöste, als er kritisierte, dass ein Nordamerikaner in drei Tagen so viel Wasser verbraucht wie ein Inder im ganzen Jahr.

All diese Zustände kann ein akademisch geprägtes Forum wenn nicht ändern, so doch reflektieren. Und damit bei den Betroffenen durch die erfahrene Kultur der Solidarität, durch eine fröhliche Art politischer Herzensbildung Spuren hinterlassen. Nicht nur mit dem

Gefühl, gehört worden zu sein, sondern mit neuen Kontakten, verheißungsvollen E-Mail-Adressen und konkreten Verabredungen zu gemeinsamen Aktionen haben die Teilnehmer ihre Batterien aufgeladen, für demokratische Einmischung, gegen die Versuchung von Ohnmacht und Resignation. Schon deshalb war das Ganze viel mehr als ein gigantisches Festival.

Diese Ermutigung schien nötig, weil das Elend in Mumbai viel unübersehbarer war als bei den Foren in Porto Alegre. Indische Journalisten scheuten sich nicht, die regierende Bharatiya-Janata-Partei wegen ihres Hindu-Extremismus neofaschistisch zu nennen. Verklungen waren die übermütigen Gesänge vom Vorjahr: Ole, Ole, Ola, Lula … Laura Tavares, Professorin in Rio de Janeiro, brachte die Desillusion über die Mächtigen der Welt auf den Punkt: «Sie erlauben uns, jemanden wie Lula zu wählen. Aber sie erlauben nicht, die Wirtschaft zu verändern.» Arundhati Roy gab sich alle Mühe zu erklären, weshalb so charismatische Oppositionsführer und großartige Menschen wie Lula oder Mandela, sobald sie in der Regierung seien, vor dem Gott der Marktwirtschaft in die Knie gingen. Sie seien zu Geiseln eines ganzen Spektrums von Bedrohungen geworden, «die übelste davon die Drohung mit Kapitalflucht, die jede Regierung über Nacht zu Fall bringen kann». Und die Frage drängte sich auf: Sind nicht die großen Konzern- und Bankeigner die eigentlich Unberührbaren dieser Welt? Unangreifbar in ihrem selbst geschaffenen Kordon aus Gesetzen, Polizei und Kapital?

Der gefeierte Überläufer Joseph Stiglitz, der einst als Vizechef der Weltbank das Desaster dieser Politik nicht nur zu begreifen, sondern auch zu artikulieren begann und folgerichtig gefeuert wurde, sprach den Globalisierungskritikern aus dem Herzen: Das Modell des liberalisierten Kapitalmarkts funktioniert nicht in den entwickelten Ländern und erst recht nicht in den unterentwickelten. Die Ökonomie gibt heute keine einzige Antwort auf die soziale Frage. Diese Botschaft schien beim Gegengipfel in Davos unvollständig angekommen. Bill Clinton, der sich von Stiglitz einst beraten ließ, billigte in seiner dortigen Eröffnungsrede den «many wonderful people» in Mumbai zu, die richtigen Fragen zu stellen. Aber die Antworten seien falsch, da sich die Globalisierung nicht zurücknehmen ließe. Er bot eine Arbeitsteilung an, nach dem Motto: Sie fragen, wir antworten.

In der von *Inter Press Service* herausgegebenen Zeitung des Weltsozialforums «Terra Viva» finde ich zu meiner Überraschung einen ganzseitigen Beitrag des derzeitigen Präsidenten der Weltbank, James D. Wolfensohn. Einsichtig räumt er ein, der Dialog in Mumbai könne den «world leaders» helfen, die Armut bis 2015 zu halbieren. (Bekanntlich hat sich die Kluft zwischen Arm und Reich bisher nur vertieft – soll das Sozialforum durch Umarmung in die Verantwortung für das absehbare Verfehlen des erklärten Zieles einbezogen werden?) Angeblich hätten die «Führer neuen Typs» verstanden, dass ökonomischer und sozialer Fortschritt untrennbar seien. Zum Beweis wird Präsident Lula gelobt, weil er seine Gesundheits- und Bildungsreform durch fiskalische Disziplin (sprich Kürzungen) und die Öffnung des Marktes für ausländische Investitionen finanziert habe. Kein Wort darüber, dass die Erfolge in Asien dort erzielt wurden, wo die Märkte eben nicht bedingungslos geöffnet wurden. Wolfensohn, Chef einer der meistgehassten Institutionen auf dem Forum, streckt die Hand zu «gemeinsamem Engagement» aus – was tun?

Obwohl die Menge an aufschlussreichen Analysen sich diesmal noch geballter als in Porto Alegre präsentierte, scheint angesichts des Vakuums an gemeinsamen Handlungsmaximen die Gefahr, sich von der schmeichelnden Rhetorik der anderen Seite vereinnahmen zu lassen, nicht gebannt. Roberto Savio, Gründungsmitglied des Internationalen Komitees des WSF, fürchtet das Aufbrechen eines untergründigen Generationenkonflikts in der Bewegung: zwischen der ersten, die aus der Friedens-, Frauen-, und Umweltbewegung kommt und der zweiten, aufgewachsen im Kampf gegen die Globalisierung und somit radikaler. Radikaldemokratischer, würde ich präzisieren. Stärker als zuvor fiel mir die Verurteilung der Kluft zwischen Recht und Realität auf.

Zur Globalisierung des Zorns trug im letzten Jahr die ernüchternde Erfahrung bei, dass hundert Millionen Antikriegsdemonstranten aus aller Welt eine zu vernachlässigende Größe sind. Selbst wenn die Kriegsvorwände als Lügen leicht zu durchschauen waren und die Warner Recht behalten sollten: Demokratie lässt sich nicht herbeibomben. Und während die iranische Richterin und Friedensnobelpreisträgerin Shirin Ebadi auf einem Podium für ein neues Modell eines internationalen Strafgerichtshofes warb, diskutierten versprengte Kriegsgegner in kleiner Runde, ob das in der UN-Charta garantierte Verteidigungsrecht gegen eine Aggression für den Fall, dass weder der angegriffene und okkupierte Staat noch die UNO zur Verteidigung fähig oder willens sei, dieses Recht auch von Partisanen oder Guerillas wahrgenommen werden könne. Warum sonst seien in Porto Alegre alle mit Che-Guevara-T-Shirt herumgelaufen, während hier Gandhi-Bilder eher eine Rarität seien?

Doch solche Planspiele am Rande bestimmten entgegen dem von Medien erweckten Eindruck nicht den Diskurs. Gerade Arundhati Roy gehörte zu den wenigen, die Vorschläge für zivilen Widerstand machten. Die letzte Macht, die dem Bürger geblieben ist, ist sein Verhalten als Konsument. Er wählt zwischen Marken, seien es Fernsehkanäle, Turnschuhe oder Politiker. Ein früherer Boykottaufruf im südindischen Kerala gegen den Coca-Cola-Konzern, der dort täglich 600 000 Liter Grundwasser abpumpt, hatte bereits Erfolg. Der Umsatz soll um 50 Prozent zurückgegangen sein. Skeptiker verwiesen prompt auf den Verlust von Arbeitsplätzen, dabei war die Nachfrage nach einheimischen Getränken gestiegen.

Wenn derart harmlose Gegenwehr schon so umstritten ist – wann wird es dann zu Aktionen kommen, die mehr sind als Sand im Getriebe? Die wirklich stören? Und verändern? Wann werden sich die Attacies auf Attacken einigen können? Auch wenn die *Ästhetik des Widerstandes* noch zu bestimmen ist: Es kann die Spur von unseren Forumstagen nicht in Äonen untergehn.

Auf dem Rückflug bot die nationale Fluggesellschaft *Air India* Cola und Hollywood. Über den Wolken wippte die Mondsichel auf ihrem Rücken, wie von Kichern geschüttelt.

Gegeninformationen für alle

Die globa*l*ternative Bewegung braucht
ihren eigenen Weltfernsehsender*

In Porto Alegre sprachen Delegierte des 3. Weltsozialforums aus verschiedenen südamerikanischen Ländern bei einem Seminar davon, wie hilfreich es wäre, einen gemeinsamen, spanischsprachigen Fernsehsender zu haben, um ständig auf dem Laufenden über die gegenseitigen Probleme zu sein. Aber ich wollte an diesem Erfahrungsaustausch auch Anteil nehmen dürfen. Und da dachte ich: Wieso ist diese globalisierungskritische Bewegung eigentlich so bescheiden? Und im nächsten Moment hatte ich die Idee, oder sagen wir den Traum, dass die Bewegung ihren eigenen, globalen Fernsehsender braucht. Das klingt sehr utopisch. Aber bekanntlich muss man das Unmögliche fordern, um das Mögliche zu erreichen.

Die meisten Menschen bilden sich ihre Meinung durch Fernsehen. Aber was sehen sie dort? Hauptsächlich Gewalt, Reklame und einseitige Informationen. Sechs große Medienkonzerne beherrschen den Weltmarkt der bewegten Bilder. Der größte von ihnen ist Time Warner. Dieser Konzern besitzt Film- und Musikproduktionen, Verlage und – das Wichtigste – CNN. *Cable News Network* für Fernsehen und Radio wurde 1980 von Ted Turner gegründet. Inzwischen kann man CNN in 212 Ländern empfangen. In allen wichtigen Sprachen. In Deutschland zum Beispiel gibt es ein zu CNN gehörendes Programm, das sich n-tv nennt. CNN verbreitet die nordamerikanische Sicht auf die Welt. Und die anderen privaten Fernsehsender, ja selbst die öffentlich-rechtlichen, werden diesem Profil immer ähnlicher. Es gibt eine generelle Tendenz zu gefilterten Informationen und unpolitischer Unterhaltung. Ich wäre froh zu hören, dass es irgendwo eine massenwirksame Ausnahme gibt ...

* Einführender Beitrag in einen Attac-Workshop auf dem Weltsozialforum 2004 in Mumbai

Kaum eine Fernsehkamera verirrt sich bisher doch in die Favelas von Rio, die Slums von Kalkutta, macht Bilder von den hungrigen Kindern in Kinshasa oder Luanda, zeigt uns die elenden Reservationen von US-amerikanischen Indianern oder die Suppenküchen von Marseille und die Obdachlosen von Berlin. Nichts erfahren wir über die Opfer der Goldminen in Papua-Neu Guinea oder die Familien der von den Grundbesitzern ermordeten Führer der lateinamerikanischen Landlosenbewegung. Kriegsbilder erinnern fast nur noch an imposante Feuerwerke, wann sieht man schon getötete Zivilisten, verwundete Kämpfer oder gar die Überführung getöteter NATO-Soldaten in Zinnsärgen. Wenig erfahren wir über die verkrüppelten Opfer von Landminen oder über das alltägliche Leben in von Kriegen zerstörten Städten und Dörfern.

Längst haben wir demonstriert bekommen, dass eine Lüge als Wahrheit durchgeht, wenn sie nur groß genug ist und oft genug wiederholt wird. So hat die Universität Maryland herausgefunden, dass 80 Prozent der Zuschauer von Rupert Murdochs *Fox News* immer noch überzeugt sind, die weltweite öffentliche Meinung befürworte den Krieg der USA im Irak, und zwar deshalb, weil dort Massenvernichtungswaffen gefunden wurden und es nachweisliche Verbindungen zu al-Qaida gibt. Medienkonzerne pflegen eine gute Zusammenarbeit mit PR-Agenturen wie dem US-«Office of Global Communications» oder dem «Office of Strategic Influence», die manipulierte Informationen streuen.

Sind wir nicht um jedes Zutrauen gebracht und der Lügen müde? Ist diese Desinformation nicht die eigentliche Gefährdung der globalen Sicherheit? Der Journalist und Leiter der Bürgerrechtsorganisation Free Press, John Nichols, ist überzeugt: «Wenn wir ehrliche Medien hätten, wäre George Bush nicht Präsident, und wir hätten im Irak keinen Krieg geführt.» Auf der größten Konferenz zur Medienreform, die bisher in den USA stattgefunden hat, ergänzte Jesse Jackson vor 2000 Teilnehmern in Madison: «Wir haben unterschätzt, was die Herrschaft über die Medien für unseren Kampf bedeutet. Warum gab es in Europa größere Demonstrationen gegen den Krieg? Weil die Europäer besser informiert sind. Fox und Clear Channel veranstalten im Grunde Kriegsdemonstrationen. Unsere Medien waren im selben Lager wie die Panzer.»

US-amerikanische Intellektuelle beneiden uns Europäer noch um die relative Differenziertheit unserer Medien. Dabei greift die Berlusconisierung des Fernsehens längst auch hier um sich. Umberto Eco beschreibt sie als «mediale Diktatur», in der es unerheblich ist, wenn Zeitungen abweichende Meinungen vertreten, entscheidend sei, wer das «Informationsmittel mit der größten Durchdringungskraft kontrolliert». Die Kontrolle würde nicht einmal in erster Linie durch Zensur von Nachrichten ausgeübt – dies wäre zu offensichtlich. Es genüge, die Argumente der Opposition zu banalisieren und vom Tisch zu wischen. «Recht hat, wer zuletzt spricht.» Insbesondere im Kosovo-Krieg war dies gut zu beobachten.

Wenn es nicht gelingt, die mediale Hegemonie des Neoliberalismus und Neokolonialismus zu brechen, werden diese Kräfte ihren Siegeszug ungehindert weitertreiben. Die globalternative Bewegung braucht die Macht, ihre eigenen Themen auf die TV-Agenda zu setzen. Denn: Was nicht auf dem Sender ist, ist nicht.

Zu diesen Themen würden nicht nur soziale und ökologische Brennpunkte gehören – niemand will nur *bad news* sehen. Genauso wichtig wäre es, über Aktivitäten und Konzepte der Bewegung zu berichten. Wenn Millionen demonstrieren, muss dies mehr als 15 Sekunden Sendezeit wert sein. Zumal man selbst in der kurzen Zeit meist nichts über Motive oder Inhalte von Rednern erfährt, sondern nur, ob es am Rande Randale gab. Und schon wieder nicht, wer sie wirklich inszeniert hat.

Zu berichten wäre aber auch über theoretische Kongresse, über die praktische Arbeit von NGOs, über die Arbeit von Untersuchungskommissionen, über genossenschaftliche Initiativen oder Erfolge einzelner Bewegungen.

Und schließlich wäre es wünschenswert, wenn dieser Sender auch große, bisher tabuisierte Debatten auslösen könnte, Brücken schlagen über Kulturen und Religionen hinweg. Wenn man schon mit

Terroristen nicht verhandelt, so wird man doch mit ihnen reden müssen, um Motive zu verstehen und die Ursachen friedlich beilegen zu können.

Die globalisierungskritische Bewegung setzt bisher zu Recht auf die Kommunikation über das Internet. Aber mehr als 90 Prozent der Weltbevölkerung sind davon immer noch ausgeschlossen. Andererseits verfügen 70 Prozent der Menschen über Elektrizität. Im Medienzeitalter kann sich eine alternative Bewegung auf die Dauer nicht jenseits ihrer größtmöglichen Wirksamkeit organisieren.

Um auch den Armen, den Ausgegrenzten, den Analphabeten, das Bewusstsein gemeinsamer Interessen zu geben, müssen Journalisten, Künstler, Wissenschaftler und Vertreter sozialer Bewegungen nachdenken über den schrittweisen Aufbau eines öffentlichen, unabhängigen, aufklärerischen Welt-TV-Senders. Der jenseits von Profitinteressen arbeitet. Und dieser Sender müsste eines fernen, aber schönen Tages in den gebräuchlichsten Sprachen senden. Das sind in ihrer Verbreitung der Reihenfolge nach: Chinesisch, Spanisch, Englisch, Arabisch, Bengalisch, Hindu, Portugiesisch, Russisch, Deutsch, Französisch, Japanisch, Koreanisch, Vietnamesisch und Suaheli. Die Beiträge müssten nicht alle synchronisiert oder untertitelt werden, auch eine simultan eingesprochene Übersetzung würde genügen. Ein alternativer Sender muss nicht perfekt sein, aber professionell.

Es gibt bereits viele kleinere, unabhängige lokale Sender. *The better bbc* ist ein Beispiel oder ein Sender in Toronto oder einer in Rom (www.tvglobal.org). Auch in den USA existieren Anfänge, wie der von George Soros unterstützte Internetverbund www.moveon.org, der Bush-kritische Filme ausstrahlt. Es gibt Medienzentren für Gegeninformationen wie *Indymedia* oder *Media Watch Global* oder Znet (www.zmag.org) oder www.politik-digital.de. Es gibt alternative Filmfestivals (www.globale03.de). Es gibt in Peru einen genossenschaftlichen Sender, dem Filme fehlen, und in Indien (wie überall) Dokumentarfilme ohne Sendeplätze.

Der erste Schritt müsste wohl darin bestehen, all diese Anfänge zu einem vorerst grobmaschigen Netz zu verknüpfen und auf ihre globale Fernsehtauglichkeit zu prüfen. Gleich- und Ähnlichgesinnte müssten sich zunächst kennen lernen, erst Erfahrungen austauschen, dann Filme.

Mit Blick auf ein solches Netzwerk möchte ich betonen: Menschen, die an einen unabhängigen, alternativen Weltsender glauben, sollten visionär sein, aber niemals naiv. Wissen ist Macht. Heutzutage sind Massenmedien und speziell große Fernsehgesellschaften mächtiger als Armeen. Und deshalb sind sie heilig. Geheiligt durch Geld. Oder genauer durch Leute mit Geld. 30 Sekunden Reklame in CNN kosten 20 000 Dollar. Time Warner hat einen jährlichen Umsatz von mehr als 25 Milliarden Dollar. Wer um alles in der Welt will sich dieser Konkurrenz stellen?

Andererseits ist rein werbefinanziertes Fernsehen ein auslaufendes Modell. Digitale Videorecorder können Werbeblöcke selbständig herausschneiden, zeitversetztes, werbefreies Fernsehen wird möglich. Und in den wohlhabenden Ländern ist eine Mehrheit bereit, dafür zu zahlen. (Es ist dasselbe wie im Internet: Man hat dafür zu zahlen, von Werbung verschont zu werden.) Da ist unsere Chance. Reklame wird unwichtiger, Inhalte werden wichtiger.

Aufnahmetechnik und Sendelizenzen sind heutzutage nicht unbezahlbar. Dennoch bleibt leider wie immer als schwierigste Frage die Finanzierung. Man wird nicht nur professionelle Programmmacher, Journalisten und Künstler brauchen, sondern auch Zuschauer, denen die Informationsfreiheit Engagement und Spenden wert ist. Und die gibt es. Sie sollten mitentscheiden, nach welchem Modell sich das Projekt organisieren könnte: als Stiftung, als Genossenschaft, als freie Kooperation oder als etwas anderes.

Die nächste wichtige Frage wäre, unter welchem Dach man sich organisieren sollte. Sollte man versuchen, die UNO oder UNESCO zu begeistern?

Im Dezember 2003 fand in Genf der UNO-Weltgipfel zur Informationsgesellschaft statt. Dort wurde ein Aktionsplan verabschiedet. Bis 2015 sollen unter anderem folgende Ziele erreicht werden:

- sichern, dass mehr als die Hälfte der Weltbevölkerung in ihrer Reichweite Zugang zu ICTs (Internet) hat,
- sichern, dass alle Menschen der Welt Zugang zu Fernsehen und Radio haben.

Aber niemand fragt, welche Programme «all of the world's population» sehen wird. Was haben wir erreicht, wenn die Verblödungsprogramme auch noch die Letzten in Zombies verwandeln und der Langzeiteffekt von Reklame uns vollkommen unkritisch macht?

Ich vermisse in dem UN-Plan eine visionäre Strategie. Ich habe nur eine ökonomische Strategie gefunden. Natürlich ist es richtig, die entwickelten Länder an den Monterey-Consensus zu erinnern: Den Beschluss, 0,7 Prozent des jeweiligen Bruttosozialprodukts in Entwicklungshilfe zu investieren. Die meisten reichen Länder, auch Deutschland, liegen zurzeit bei etwa 0,2 Prozent. Löblich ist, dass der UN-Plan Initiativen begrüßt, um die Schulden der ärmsten Länder zu reduzieren oder zu erlassen. Aber solche Appelle sind nicht genug, um Vertrauen zu gewinnen.

Also als Dach doch lieber das Weltsozialforum? Vielleicht Attac, dessen deutsche Organisation mir diesen Workshop hier in Mumbai ermöglicht hat? Oder brauchen wir eine neue NGO, die sich auf den Weltsender konzentriert?

Es ist selbstverständlich, dass die Ethik dieses globalen Senders sich universalen Werten wie Gewaltfreiheit, Frieden, Freiheit, Gleichberechtigung, Solidarität, Toleranz und gemeinsamer Verantwortung für die Natur verpflichtet fühlen würde. Er wird einen Dialog zwischen den Kulturen über Verschiedenartigkeit, Identität und Tradition führen. Aber das ist nicht genug. Das UN-Ziel der Halbierung der Armut bis 2015 muss jetzt endlich ernst genommen werden. Ein Weltfernsehsender, der sich auf soziale Themen konzentriert, kann helfen, den Menschen bewusst zu machen, was Armut im täglichen Leben wirklich bedeutet. Die 900 Millionen Analphabeten könnten in diese Politisierung einbezogen werden. Es gilt Fragen zu stellen über den Zusammenhang von Armut und Reichtum; es gilt, über die Verteilung der Güter zu reden. Über die Umverteilung von oben nach unten, von Nord nach Süd muss schon deshalb international nachgedacht werden, weil sie, wenn überhaupt, nur noch global funktionieren kann. Diese Art von politischer Bildung könnte ein Stimulator für die globalisierungskritische Bewegung sein.

Der UN-Aktionsplan behauptet: «Das Engagement und die Einmischung der Zivilgesellschaft ist wichtig für die Herausbildung einer fairen Informationsgesellschaft.» Und es gibt diese Einmischung in wachsendem Maße. Viele Menschen sind wütend über die Primitivität und Gleichschaltung der kommerziellen Programme. Sie spüren: Die Kontrolle des öffentlichen Diskurses durch private Konzerne gefährdet die Grundlagen der Demokratie. US-Abgeordnete berichteten beinahe verwundert, dass in ihren Wahlkreisen Veranstaltungen über Medienfragen mehr Leute anzogen als jedes andere Thema.

Als die unter Korruptionsverdacht stehende US-Telekommunikations- und Medienaufsichtsbehörde FCC 2003 beabsichtigte, die Konzentration von privatem Medienbesitz weiterzutreiben, konnten Gewerkschafts-, Verbraucher- und Bürgerrechtsgruppen tatsächlich zwei Millionen US-Bürger motivieren, Protestbriefe und E-Mails an die Federal Communications Commission zu schicken. Und 300 000 Amerikaner nahmen Kontakt zu Kongressmitgliedern auf, um sie zur Aufhebung der geplanten Gesetzesänderungen zu drängen. Unter diesem Druck kippten sowohl Repräsentantenhaus als auch Senat die Deregulierungspläne der FCC. Doch das Weiße Haus drohte mit seinem Vetorecht und erreichte, dass Fox TV, CBS und UPN die zulässige Obergrenze für Medienkonzentration weiterhin überschreiten dürfen. Offensichtlicher könnte die Interessenverquickung von Regierung und Privatsendern kaum sein.

Also keine Illusionen: Am Anfang wird es nichts als Hindernisse geben. In diesem Falle wird es unsere Aufgabe sein, diese Behinderungen zu beschreiben und öffentlich zu machen. Und selbst wenn die juristischen und finanziellen Hürden zu nehmen sind, kann es Jahre, wenn nicht Jahrzehnte dauern, bis sich die Notwendigkeit und Akzeptanz eines solchen Senders bei Machern und Publikum herumgesprochen hat, bis sich Sehgewohnheiten großer Zuschauergruppen ändern lassen.

Artikel 19 der UN-Menschenrechtsdeklaration garantiert nicht nur das Recht auf Meinungsfreiheit, sondern auch das Recht auf freie Kommunikation und Information. Lasst uns die Kluft zwischen versprochenen Menschenrechten und der Realität zeigen. Lasst uns helfen, diese Kluft zu verringern. Lasst uns anfangen.

Armut wird erblich,
selbst in einem reichen Land

Seit Jahrzehnten wird hierzulande über «Armut im Wohlstand» gestritten. Im internationalen Vergleich ist Armutsforschung in der Bundesrepublik ein junges Feld der Sozialwissenschaft. Bis heute existiert kein allgemein akzeptierter Armutsbegriff. Das erklärt sich aus der politischen Brisanz: Armut steht im Widerspruch zum Verfassungsgebot, jedem Bürger ein menschenwürdiges Dasein im Sinne der Teilhabe am normalen gesellschaftlichen Leben zu ermöglichen. In welchem Maße ist die sozialstaatliche Verfassung der Bundesrepublik intakt?

Wir bedienen uns nur einer indirekten Armutsmessung, bei der das Einkommen Rückschlüsse auf den potenziellen Lebensstandard erlaubt, nicht aber auf den tatsächlichen, der von den spezifischen finanziellen Belastungen abhängt. Eine empirische Armutsmessung gibt es kaum. Daten von Armutsberichten beziehen sich auf Umfragen. Wer keine eigene Wohnung hat, also die klassisch Armen, wird gar nicht erfasst.

Folgt man der EU-Definition, ist Deutschland nicht mal mehr eine Zweidrittelgesellschaft. Fast 14 Prozent der Bevölkerung leben mit *Einkommensarmut* von weniger als 60 Prozent des durchschnittlichen Haushaltseinkommens. 35 Prozent leben mit *Niedrigeinkommen* von weniger als 75 Prozent des Durchschnitts. Das heißt, die Hälfte der Bevölkerung lebt in «relativer Armut», muss also jeden Cent umdrehen. Sie ist reformgeschädigt. Im Grunde geht es um die Frage, wie der arbeitende und Arbeit verwaltende, also der bestimmende Teil der Bevölkerung mit dem immer größer werdenden Teil umgeht, der nicht arbeiten, verwalten, also bestimmern darf. Es ist ein Verteilungskampf zwischen Arbeitenden und Nichtarbeitenden, bei dem Letztere ohne Kampfmittel dastehen.

Arbeitslose sind erpressbar geworden. Besonders Dauerarbeitslose. Unter der angeblich gemütlichen «sozialen Hängematte» klafft für sie nur noch der Abgrund. Ein Gespenst lauert hinter der Einkommensarmut: die Chancenarmut. Familien können ein Lied davon singen: Beruf und Kinder sind mit der Tugend Flexibilität und mit permanenten Überstunden immer schwerer vereinbar. Besonders für Alleinerziehende. Ein Drittel aller Frauen verzichtet deshalb überhaupt auf Kinder – eine unmenschliche Alternative.

Auch die Chancen von Kranken und Behinderten sind gesunken. Erheblich über dem Durchschnitt liegen die Armutsquoten von Ausländern sowie Spätaussiedlern. Im europäischen Vergleich liegt die bundesrepublikanische Armutsquote im Mittelfeld. Was im Widerspruch steht zu ihrer ökonomischen Stärke.

Wie nehmen wir die in relativer Armut Lebenden wahr? «Auch außerhalb unsrer Sphäre leben andre Leute ein Leben: das ihre.» Was Kurt Tucholsky ironisch auf den Punkt bringt, ist scheinbar eine Selbstverständlichkeit. Und doch beschreibt er einen symptomatischen Mangel, der sich erhalten, wenn nicht verschärft hat – wir leben nebeneinander, nicht miteinander. Wir wissen letztlich herzlich wenig vom konkreten Dasein der Menschen, mit denen wir nicht unmittelbar zu tun haben.

Das gilt umso mehr für die Schichten, die in der Öffentlichkeit nicht oder nicht ausreichend zu Wort kommen. Weil ihr Leben auf den ersten Blick nicht nur unspektakulär ist, sondern in seiner trostlosen Unausweichlichkeit auch ein Anklagepotenzial enthält, das wahrzunehmen wir uns ganz gern ersparen. Hat sich doch eine Ahnung in uns erhalten über einen verhängnisvollen Zusammenhang: Es geht vielen Leuten nur deshalb recht gut, weil es noch mehr Leute gibt, denen es recht schlecht geht.

Auf die vermögendsten zehn Prozent aller Haushalte «entfallen» 42 Prozent des gesamten Privatvermögens, während sich die besagte untere Hälfte aller Haushalte 4,5 Prozent der Bestände teilen muss. Selbst innerhalb jener oberen zehn Prozent herrscht noch eine große Kluft, denn den oberen fünf Prozent gehören etwa 35 Prozent des Gesamtvermögens. Nach einer Top-100-Liste des *manager magazins* gab es in Deutschland im Frühjahr 2001 95 DM-Milliardäre. Hinzu kommen 13 000 Einkommensmillionäre, wie der letzte Bundesarmutsbericht zählte, und 1,5 Millionen Vermögensmillionäre. Das sind 700 Prozent mehr als Ende der 70er Jahre.

Ihnen stehen fast doppelt so viele Sozialhilfeempfänger gegenüber. Bevor jemand Sozialhilfe erhält, müssen bekanntlich alle eigenen Vermögenswerte aufgelöst werden. Das gilt selbst für die über eine Million Kinder, die Sozialhilfe erhalten. Der Verlust an Lebenschancen ergreift zunehmend auch die nächste Generation, Armut wird erblich. Jeder ist seines Glückes Schmied – das alte Sprichwort stimmt weniger denn je. (Siehe Hickel/Strickstrock, Brauchen wir eine andere Wirtschaft? Reinbek 2001)

Ebendeshalb ist die Kommunikation zwischen oben und unten nicht zufällig gestört. Wenn schon die horizontalen Informationskanäle verstopft sind, so gilt dies erst recht für die vertikalen. Es gibt einen offensichtlichen Mangel an Armuts- und Sozialberichterstattung, sowohl bei den dafür im Amt Befindlichen als auch in den Medien. Zu reden ist über die Verwerfungen in einem reichen Land, über alltägliches Unglück, welches die Schicksale von sozialem Abstieg oder der Angst davor mit sich bringt. Trotz Wohlstand und relativer sozialer Sicherheit wirken die Mechanismen der traditionellen Ausgrenzung, werden die schlechten Voraussetzungen an die nächste Generation weitergegeben. Unter den Managern in Spitzenpositionen sind die Abkömmlinge des gehobenen Bürgertums und des Großbürgertums weit überrepräsentiert. Auch Karrierechancen sind erblich.

Noch verbreiteter als die Armut ist die Angst vor ihr. Für jeden zweiten Europäer ist die Arbeitslosigkeit die größte Sorge im Leben. Von früh an treibt einen die Sorge um, wie man sich für eine Arbeit bildet, wie man Arbeit bekommt, wie man sie behält, was passiert, wenn man sie verliert. Wie fließend dann die Übergänge zu Leih- und Schwarzarbeit sind. Wie das Überangebot von Jobsuchenden zu sozialem Dumping führt und Integration, wenn überhaupt, nur um den Preis der radikalen Selbstausbeutung möglich wird. Wie all das krank macht. Wie der Konkurrenzdruck jeden Lebensbereich erfasst. Auch intellektuelle Tätigkeiten, bei denen es nicht selten zu Selbstzensur kommt. Wie insbesondere das Fernsehen mit seinen gewaltstrotzenden Verblödungsprogrammen zur Gefahr für die Demokratie wird.

Den Kapitalismus begleitet die Ideologie der Selbstsucht und des irrationalen Individualismus, die das Gefühl für Zusammengehörigkeit zerfrisst und die Menschen vereinzelt. Ein Freiheitsbegriff, der sich weitgehend aus der ökonomischen Struktur erklärt und von aller Gemeinschaftlichkeit abgelöst ist, muss zu Selbstüberforderung führen. Die strukturelle, wirtschaftliche Gewalt demoralisiert zwangsläufig und führt zu Gewalt der Menschen untereinander: zu Kriminalität, Rassismus, Alkohol- und Drogenkonsum. In dieser Atmosphäre sinkt die sowieso geringe Toleranz gegenüber Minderheiten weiter, was besonders Ausländer und Asylbewerber zu spüren bekommen. Aber auch die staatliche Toleranz gegenüber Abweichlern oder Protestgruppen lässt zunehmend zu wünschen übrig. Wiederum nicht zufällig, treffen die Repressionen zunehmend gerade die jungen Leute, die sich für Demokratie in der Wirtschaft einsetzen, zum Beispiel die Antiatombewegung oder die Globalisierungsgegner aus aller Welt.

Das Spektrum von Armut in einem reichen Land ist groß. Es reicht von der Insolvenz zahlreicher Familien- und Handwerksbetriebe, die an mangelnder Zahlungsbereitschaft scheitern, über die achtzig Bauernhöfe, die täglich aufgegeben werden, bis zu den zweieinhalb Millionen behandlungsbedürftigen Alkoholikern im Lande. Ganz zu schweigen von den Drogenabhängigen oder den 400 000 Prostituierten. In deutschen Pflegeheimen kann das Verhungern und Verdursten, nach Aussage eines Sozialarbeiters auf einer Podiumsdiskussion in München, sogar viel kosten, nämlich monatlich 3000 Euro Heimentgelt.

Die Ursachen für das «Leiden an der Gesellschaft» liegen im Zentrum eines Staates, der sich selbst immer mehr der Logik der Privatwirtschaft unterwirft. Pierre Bourdieu im *Spiegel* (50/96): «Man ist dabei, die europäische Staatszivilisation, die mehrere Jahrhunderte gebraucht hat, um sich zu entwickeln, zu zerstören – und das im Namen des dümmsten Gesetzes der Welt, nämlich der Gewinnmaximierung.»

Das heißt, der Staat müsste sich mehr gegen den «Terror der Ökonomie» wehren, sich im eigenen Interesse für die Rückgewinnung des Primats der Politik engagieren, um sich für das Gemeinwohl stark machen zu können.

Ja, warum in aller Welt tut er dies denn nicht? Weil aus der Perspektive einer mächtigen Lobby, der so mancher Staatsdiener durchaus nahe steht, das Gesetz der Gewinnmaximierung alles andere als dumm ist. Zwei Drittel der Einkommensmillionäre sind Unternehmer. Eigentümer in Deutschland besitzen Geldvermögen in Höhe von 2,7 Billionen € und Immobilien im Wert von 3,8 Billionen €. Mit Appellen an die Solidarität ist da kein Herankommen.

So werden künftig auch große Teile des Mittelstandes ihren Lebensstandard nicht halten können. «Für die Bundesrepublik ist die Existenz von Armut, Unterversorgung und sozialer Ausgrenzung in einem wohlhabenden Land wie der Bundesrepublik Deutschland eine Herausforderung», heißt es im Armuts- und Reichtumsbericht der Regierung. Doch wer die Umverteilung von oben nach unten Reform nennt, angeblich alternativlos und zukunftsfähig, wer nicht bereit ist, radikaldemokratisch einer Umverteilung zugunsten der Habenichtse zuzustimmen (nach Art. 14 und 15 GG), wird die für ein reiches Land beschämende Armut nicht abbauen können.

Gewinnansprüche als heilige Kuh

Statement zum Berliner Bankenskandal vor streikenden Studenten in der Humboldt-Universität

Die *Ästhetik des Widerstands* erweist sich in der Praxis als *Ästhetik des Gegenvorschlags*. Mit welchen Lösungen ist der rot-rote Senat davor zu bewahren, weiterhin gegen seine Wahlversprechen zu verstoßen und an Bildung, also an Zukunft zu sparen?

Wie ist vermeidbar, dass immer mehr elementare kulturelle und soziale Leistungen in der Stadt entfallen, weil noch über 25 Jahre die Gewinnzusagen an die angeblich 70 000 Zeichner von abenteuerlichen Immobilienfonds erfüllt werden müssen? Wie kann man das Land Berlin, und damit die Berliner, von der Selbstverpflichtung befreien, den Anlegern voraussichtlich mindestens 21,6 Milliarden Euro zu zahlen?

Selbst wenn man zu deren Gunsten annehmen möchte, sie hätten in dem Glauben gezeichnet, nicht nur sich, sondern auch der Stadt einen Gefallen zu tun, ist zu beachten, für welchen Kundenkreis diese Fonds attraktiv waren: für Leute mit überdurchschnittlich hohen Einkommen und Vermögen, die, ohne das Risiko von tatsächlichen Verlusten einzugehen, durch Verlust*zuweisungen* «legal» ihre Steuerverpflichtungen erheblich verringern konnten. Obwohl also die meisten jener Anleger ihre Einzahlung über Steuervergünstigungen oft schon nach einem Jahr wieder herausgeholt hatten, werden ihre weiteren Ansprüche wie eine heilige Kuh behandelt. Bloß nicht anrühren!

Rücksichtsvoll wird über die Stimmungslage der Wertpapiereigner berichtet, ob sie gerade mehr oder weniger einsichtig, mehr oder weniger verhandlungsbereit sind. Warum können alle zu Opfern gezwungen werden, nur nicht die Fondsanleger? Die Abgaben ohne Not erbringen könnten? Da die meisten dies auch angesichts der bankrotten Stadt nicht freiwillig tun, ergibt sich zwingend die Konsequenz: Enteignung von weiteren Gewinnansprüchen.

Das wäre zwar ein rückwirkender Eingriff in das hohe Rechtsgut der Renditesicherung, aber dieser wäre durch die Artikel 14 und 15 des Grundgesetzes nicht nur gedeckt, sondern geradezu geboten. Wie ist es erklärlich, dass derjenige, der von Enteignung spricht, gleich in die Nähe kommunistischer Umtriebe gerückt wird, obwohl zwei von 19 Grundrechte-Artikeln unserer Verfassung dieses Mittel ausdrücklich empfehlen? Weshalb ist in der Bundesrepublik von dieser Empfehlung so gut wie nie Gebrauch gemacht worden – es sei denn, gegen (pauschal unter Kommunismusverdacht stehende) Ostdeutsche?

Wie man ganz mühelos ziemlich genau 70 000 Leute enteignet, und zwar entschädigungslos, das hat die gesetzgebende CDU/FDP-Mehrheit 1992 mit dem Gesetz zur «Abwicklung der Bodenreform» demonstriert. Damit wurde der Einigungsvertrag gleich mit abgewickelt, in dem festgeschrieben war, dass Verwaltungsakte der Alliierten und der DDR wirksam bleiben.

Obwohl der Europäische Gerichtshof in Straßburg die Enteignung der Neubauern-Erben für verfassungswidrig erklärt hat, legt die rotgrüne Bundesregierung dagegen Widerspruch ein. Offenbar nach dem Motto: Die Verteilung von junkerlichem Boden an Landlose ist mit rechtsstaatlichen Grundsätzen nicht vereinbar, die Verteilung von sittenwidrigen Immobilienfonds an Skrupellose sehr wohl.

Rechtsstaatlich korrekt war offenbar auch die Enteignung von rund 4000 schwerbeschädigten Arbeitsunfallopfern aus der DDR. Nachdem die Staatliche Versicherung der DDR mit ihrer Jahresprämieneinnahme von sieben Milliarden Mark praktisch zum Nulltarif an die Allianz übergeben wurde, mussten die Steuerzahler die Lasten der DDR-Versicherung übernehmen. Die Gewinne wurden privatisiert, die Kosten sozialisiert. In diesem Fall ging es um den aus dem Arbeitsgesetzbuch der DDR zunächst weitergeltenden Anspruch, wenigstens finanziell so gestellt zu sein, als sei der Unfall nicht passiert. Bis 1995 erhielten die Betroffenen daher jeden Monat Schadensersatzrenten von durchschnittlich 450 DM. Als aber die öffentlichen Mittel immer knapper wurden, kam es zu Rechtsstreitigkeiten.

Vom Gewicht des öffentlichen Interesses hänge ab, welches Ausmaß der Eingriff haben dürfe, urteilte das Bundesarbeitsgericht am 4. 12. 1995: «Sogar die völlige Beseitigung bisher bestehender, durch die Eigentumsgarantie geschützter Rechtspositionen kann unter bestimmten Voraussetzungen zulässig sein.» Das Bundesarbeitsgericht gab zu, dass es einen rückwirkenden Eingriff in bestehende Rechte vornimmt, rechtfertigte dies aber damit, dass die «Gründe des öffentlichen Interesses so schwerwiegend» seien, «dass sie Vorrang haben vor dem Vertrauen des Bürgers auf den Fortbestand seines Rechts». 20 Millionen Mark spart der Staat seither jährlich an diesen Ostinvaliden.

Um ein letztes Beispiel enteignungsfreudiger Rechtsprechung anzuführen: 1994 geschah etwas Einmaliges. Die Länder Brandenburg und Sachsen-Anhalt reichten beim Bundesverfassungsgericht eine Normenkontrollklage gegen die so genannte Stichtagsregelung ein. War die Gemeinsame Erklärung der Regierungen im Juni 1990 noch davon ausgegangen, dass alle Grundstückskäufe aus der Wendezeit auf Redlichkeit geprüft werden, so erklärte die von westlicher Ministerialbürokratie ausgeheckte Stichtagsregelung drei Tage vor der Wiedervereinigung plötzlich sämtliche Käufe nach dem 18. Oktober 1989, dem Rücktrittsdatum Erich Honeckers, für nichtig, sofern ein Alteigentümer Anspruch erhebt.

Die Gültigkeit von Kaufverträgen nicht von den zum Zeitpunkt des Erwerbs gültigen Gesetzen, sondern von Rücktrittsdaten von Regierungen abhängig zu machen, gehört zur hohen Schule juristischer Willkür. Die Länder klagten dagegen, weil es sich bei der Stichtagsregelung um echte Rückwirkung handele, die prinzipiell verfassungswidrig sei. Sie verstoße gegen das Vertrauensschutz- und damit das Rechtsstaatsprinzip. Die Regelung genüge weder dem Grundsatz der Geeignetheit noch dem der Erforderlichkeit. Sie schaffe nicht den angestrebten Ausgleich, sondern schließe ihn aus.

Das Bundesverfassungsgericht ließ die Klage fünf Jahre liegen. In der Zeit entschieden die Ämter für offene Vermögensfragen nach geltender Stichtagsregelung, also gegen die ostdeutschen Käufer. Als das BVerfG am 23. November 1999 endlich sein Urteil verkündete, waren 90 Prozent der Fälle unwiderruflich erledigt. So löste die Feststellung, die Regelung sei verfassungskonform, selbst wenn es sich um redlichen Erwerb gehandelt habe, kaum noch Empörung aus, obwohl dadurch etwa 20 000 vor Verkünden der Stichtagsregelung ins Grundbuch eingetragene Familien ihr Haus verloren.

Das Gericht räumte ein, dass es sich in diesen Fällen um *echte Rückwirkung* handele, die verfassungsrechtlich grundsätzlich unzulässig sei. «Sie liegt vor, wenn ein Gesetz nachträglich ändernd in abgewickelte, der Vergangenheit angehörende Tatbestände eingreift. Auch in diesem Fall gibt es aber Ausnahmen. Das Rückwirkungsverbot, das seinen Grund im Vertrauensschutz hat, tritt zurück, wenn sich kein schützenswertes Vertrauen auf den Bestand des geltenden Rechts bilden konnte.» Dass Regierungserklärungen und Zusagen sämtlicher Politiker von CDU/CSU, FDP und SPD über den Bestand redlich erworbenen Eigentums nicht einmal ein paar Monate zu trauen ist, den Zusagen von Bankern aber lebenslänglich, ist ein klares Signal an die Bürger.

Aber das Urteil des Bundesverfassungsgerichts hatte noch eine zweite Begründung, weshalb eine Ausnahme vom Verfassungsgebot erlaubt ist: «Ferner kommt ein Vertrauensschutz nicht in Betracht, wenn überragende Belange des Gemeinwohls, die dem Prinzip der Rechtssicherheit vorgehen, eine rückwirkende Beseitigung von Normen erfordern.»

Welche *überragende Belange* dies sein können, ist den enteigneten Familien nie erklärt worden. Wie viel weniger müsste man da streikenden Berliner Studenten erklären, weshalb die Nichtigkeit unsittlicher Immobilienfonds ein überragender Belang ist. Um eine gerechte Abwägung zwischen den Interessen des Eigentumsschutzes und den Erfordernissen des Allgemeinwohls zu erreichen, sollten die Fondszeichner zur Entschädigung ihre eingezahlten Anlagen in voller Höhe zurückbekommen – ein Privileg, das längst nicht allen

Anlegern von Wertpapieren zukommt. (Die dem Staatshaushalt entzogenen Steuern wären allerdings nachzuzahlen.) Die Anleger hätten also keinen anderen Schaden als die Aberkennung asozialer Gewinne und Einsparungen.

Die Enteignung wäre nicht nur durch das Grundgesetz, sondern auch durch die Rechtsprechung der letzten Jahre mehr als gedeckt. Solche Urteile zu echter Rückwirkung ergingen bisher allerdings nur gegen eher minderbemittelte, zumal ostdeutsche Betroffene. Es wäre doch ein in der Bevölkerung wohlverstandenes rot-rotes Signal, diesmal denen näher zu treten, deren Hauptsorgen günstige Steuerabschreibungen sind. Dieses Vorgehen würde dem Grundsatz der Geeignetheit und dem der Erforderlichkeit durchaus entsprechen. Das öffentliche Interesse ist jedenfalls schwerwiegend. Aber die *Ästhetik des Gegenvorschlags* ist erst dann stilbildend, wenn sie von einer Mehrheit getragen wird.

Die Montagsdemokratie
Warum die Ostdeutschen auf die Straße gingen

Vieles erinnert an die Situation von vor 15 Jahren: Die wachsende Kluft zwischen Regierung und Volk – auf der einen Seite das Gefühl, nicht mehr selbstbestimmt leben zu können, auf der anderen die trotzige Ignoranz des Unmuts. Die Behauptung, damals sei es um Freiheit gegangen, heute nur um Besitzstandswahrung, ist eine grobe Vereinfachung. Es ging damals auch um Wohlstand, und es geht heute um die soziale Basis von Freiheit.

Politiker, die montägliche Willensbekundungen der Bevölkerung für eine Zumutung halten, geben nur zu, dass diese Proteste endlich auf sie wirken. Viel zu lange hat sich bei Regierungen das Missverständnis eingenistet, die Straße sei eine therapeutische Einrichtung, auf der die Betroffenen schmerzenden Frust abreagieren und heilendes Gemeinschaftsgefühl entwickeln, um dann die Nichterfüllung ihrer Forderungen ertragen zu können.

Gerade Sozialdemokraten sollten bei der Vereinnahmung der 89er Montagsdemos zurückhaltend sein: Es war damals ein relativ kurzer Weg vom selbstbewussten «Wir sind das Volk» und «Reinigen statt einigen!» zum nationalen «Wir sind ein Volk» und zum rechten: «Rote aus der Demo raus» bis «Niemand wählt die SPD». Nach wenigen Wochen hatten sich in Leipzig die Teilnehmer fast ausgewechselt, und es kam zunehmend zu Tumulten zwischen rivalisierenden Gruppen. Im Übrigen halte ich es für nachvollziehbar, dass auch Rechte unter sozialen Ängsten leiden. Ihnen muss dahingehend geholfen werden, die Übeltäter nicht bei Fremden, sondern in der einheimischen politischen Klasse zu suchen.

Niemand bestreitet: Ein Umbau (eine Perestroika) ist nötig. Das hat sogar erfreuliche Gründe: Wir Menschen werden immer effektiver, wir verteilen die Arbeitslast über den ganzen Globus und leben länger. Es hat auch unerfreuliche Gründe: Wir sind vorerst unfähig, diese Chancen in Fortschritt für alle zu verwandeln. Außerdem haben wir in der so genannten ersten und zweiten Welt in den Zeiten der Systemkonkurrenz über unsere Verhältnisse gelebt, auf beiden Seiten war der Wohlstand nicht ausreichend durch eigene Arbeitsleistung gedeckt. Wobei die Westdeutschen pro Kopf höher verschuldet in die Einheit gegangen sind als die Ostdeutschen. Einer trage des anderen Zinslast.

Bundeswirtschaftsminister Clement fordert ein «neues Denken», einen «Mentalitätswandel». Das gefällt mir außerordentlich gut. Denn vor uns liegen Aufgaben von epochaler Dimension, es geht um nicht weniger als um eine neue, weltweite Struktur für Arbeit und Einkommen. Ich bin überzeugt, es gibt hierzulande einen Akzeptanzspielraum für erträgliche Einbußen, vorausgesetzt, sie treffen alle – gerecht, nach Maßgabe ihrer finanziellen Freiräume.

Politiker sind bisher kaum geneigt, sich selbst als leuchtendes Beispiel für Mentalitätswandel zur Verfügung zu stellen. Die Demonstranten fragen all die, die ständig erklären, es gebe zu Einschnitten keine Alternative, zu welchen Verzichten sie denn bereit sind. Und worauf sie noch warten, dieser Bereitschaft Gesetzeskraft zu geben.

Der CDU-Politiker Friedrich Merz gibt vor: Wir sind Treuhänder der Steuerzahler. Selbst wenn er sich danach verhielte, befände er sich im Irrtum. Politiker sind Treuhänder des ganzen Volkes. Auch der zurzeit Einkommenslosen, die zwanzig, dreißig Jahre gerackert haben und im Vertrauen auf den Schutz des Rechtsstaates verpflichtet wurden, in die Arbeitslosenversicherung einzuzahlen. Älteren Langzeitarbeitslosen war Arbeitslosengeld in jetziger Höhe bis zur Rente zugesichert. Sie erleben nun rückwirkende Eingriffe in zugesagte Besitzstände, also Enteignungen, die vermutlich nicht mal verfassungskonform sind.

Es sei denn, «überragende Belange des Allgemeinwohls» erforderten einen derartigen Tabubruch, wie es in einem Urteil des BVG hieß. Ein solcher Ansatz könnte – wenn überhaupt – nur Akzeptanz finden, wenn er alle beträfe und nicht nur die, von denen keine Gegenwehr erwartet wurde. Nach meiner Beobachtung brodelt unter den Demonstranten eine Stimmung, die auf tabubrechende Fragen und Vorschläge folgender Art hinausläuft:

Wenn Politiker sich als Treuhänder der Steuerzahler ausgeben – wie gehen sie dann mit deren Eigentum, dem Bundeshaushalt, um? Angeblich entscheiden die Investitionen in die Köpfe über die Zukunftsfähigkeit der Gesellschaft. Doch an Schulbüchern wird gespart, und an Universitäten werden massenhaft Professorenstellen gestrichen. Solange aber im Bundeshaushalt dreimal mehr Mittel für Rüstung als für Bildung und Forschung, auch Friedensforschung, vorgesehen sind, fragt man sich, welche Zukunftsszenarien den Regierenden vorschweben. Zumal das Bedrohlichste, der Terrorismus, durch Kriege nur verschärft wird, wie inzwischen hinlänglich vorexerziert wurde. Doch Militärs mutet man ein neues Denken nicht zu. Als Treuhänder des Steuerzahlers müssen Politiker auf eine öffentliche Rechenschaftspflicht über die Unausweichlichkeit der Verwendung von Steuermitteln für Kriegsgerät und Angriffsfähigkeit bestehen. Sonst können sie die Behauptung, hier lägen erhebliche staatliche Finanzreserven, nicht widerlegen.

Auch Banken werden von Tabubrüchen verschont. Neues Denken könnte heißen: Als Treuhänder des Steuerzahlers können wir nicht länger deutlich mehr für Schuldentilgung als für Wirtschaft und Arbeit ausgeben. Liebe Banker, auch wenn die Zinsen zugesagt waren – wir können sie uns nicht mehr in voller Höhe leisten. Ihr habt an den Schulden gut verdient. Was die Gewinnerwartungen betrifft, so erfordern «überragende Belange des Allgemeinwohls» einen Mentalitätswechsel.

Unternehmen mutet man neues Denken ebenfalls nicht zu. Der SPD-Politiker Klaus von Dohnanyi berichtet stolz, wie er im Aufsichtsrat von Audi über den Standort für ein neues Motorenwerk abstimmte. Obwohl für Ostdeutschland engagiert, habe er sich «wegen der unvergleichlichen Vorteile der Steuerfreiheit in Ungarn für dieses Land entschieden». Er hätte sich sonst «der Untreue gegenüber den Aktionären schuldig gemacht». Zu solchem Rechtsverständnis hat es der übergeschnappte Kapitalismus gebracht: Man macht sich schuldig, wenn man Unternehmen daran erinnert, dass sie im Interesse des Allgemeinwohls, wie jedermann, Steuern zu zahlen haben – wo auch immer. Wenn prominente Sportler oder Künstler in Steueroasen fliehen, werden sie nicht zu Unrecht vor Gericht gestellt und öffentlich diffamiert. Wenn Unternehmer Gleiches tun, werden sie von Politikern unterstützt, da dies als geschäftstüchtiges Beherrschen der globalen Spielregeln gilt. Doch diese Spielregeln haben die angeblichen Treuhänder des Steuerzahlers erlassen.

Während sich Millionen Arbeitslose von Amts wegen finanziell entblößen müssen, genießen die Chefetagen dank Bankgeheimnis, Geschäftsgeheimnis, Aktionärs- und Persönlichkeitsrechten weitgehende Immunität. Müssten auch die großen Kapitaleigner und ihre Manager ihr Geschäftsgebaren, ihre Rendite und ihre Vorstandsvergütung transparent machen, würde ihre Raffsucht belegbar. Auch sie könnten öffentlich delegitimiert und unter moralischem Druck zu neuem Denken gezwungen werden. Daran würden aufgeklärte Konsumenten ihren Anteil haben: Warentests hätten Kriterien wie gezahlte Steuern, Abstand zwischen den Löhnen von Arbeitern und Managern, Arbeitsbedingungen und umweltgerechte Herstellung auszuweisen. Robin Woods Proteste gegen Papier aus Tropenholz wirken bereits. Durch eine bewusste Produktauswahl, bis hin zu Boykottverhalten, werden wir Kunden auf neue und vielleicht wirksamere Weise zum Wähler. Wir müssen auch gegen die Wirtschaft nicht machtlos sein.

Doch für die politische Klasse ist die Treue zu den Aktionären, den Managern, Bankern und Militärs ein dringlicheres Herzensanliegen als die Treue zum gewöhnlichen Steuerzahler. Das entspricht weder ihrem Wählerauftrag noch dem Allgemeinwohl. Für im «Arbeiter-und-Bauern-Staat» Sozialisierte ist das besonders befremdlich. Deshalb gehen sie auf die Straße. Was wurden sie 1989 für ihre politische Reife, ihre Gewaltlosigkeit und ihren Humor gelobt. Jetzt, da sie sich endlich auf diese basisdemokratischen Tugenden besinnen, aus der Duldungsstarre erwachen, ist plötzlich von Demokratie-Erosion in den neuen Bundesländern die Rede. Da wird die Demokratie als Anpassungszwang an ein System missbraucht, das die eigenen Privilegien schützt.

Die so genannten Reformen stellen bisherige Werte wie Solidarität, zum Beispiel in Form des Generationenvertrages, ja letztlich den ganzen Sozialstaatsgedanken in Frage. Die entwürdigende Missachtung von Lebensleistung und Arbeitsbiographie, im Osten seit der Wende erduldet, greift nun auch auf den Westen über. Der Kapitalismus, nun konkurrenzlos, fällt in seine archaische Form zurück. Das ist die eigentliche Demokratie-Erosion.

Montagsdemos wagen zu fragen, ob das System die angehäuften Probleme noch lösen kann, ob es die Grundrechte einhält. Der markanteste Unterschied zu 1989 ist heute allerdings: Die Regierung auswechseln ist keine Lösung. Die verfemte Politik wird längst von einer großen Koalition getragen, und die andere «Volkspartei» wird noch weniger aufs Volk hören. Da hilft nur eine starke Opposition, eine wirkliche soziale Bewegung, Druck von unten. Volksherrschaft – wenigstens montags.

Der Wert des Ganzen

Rede zum Tag der Deutschen Einheit
im Barocksaal von Ingolstadt

Meine Damen und Herren, liebe Ingolstädter!

Ein festlicher Anlass führt uns zusammen, ein froher, denn heute vor 13 Jahren wurde aus den zwei deutschen Staaten wieder einer. Ist die 13 eine Glückszahl? Beginnen wir nicht mit der Krisenstimmung, in der sich das vereinte Land, vielleicht mit Ausnahme von Bayern, befindet, richten wir unsere Aufmerksamkeit zur Feier des Tages zunächst auf die Erfreulichkeiten.

Vor sechs Wochen fand unter der Schirmherrschaft von Michail Gorbatschow in Bonn eine Tagung der Aktion «Grünes Band» statt. So nämlich heißt heute der Streifen Land entlang der einstigen innerdeutschen Grenze, den sein spezielles, abstoßendes Schicksal immerhin vierzig Jahre der Kommerzialisierung entzogen hat und der sich heute als Perlenkette wertvoller Biotope erweist. Von der Ostsee bei Travemünde bis zum einstigen Dreiländereck bei Hof ziehen sich in einer Länge von 1400 Kilometern urwaldähnliche Landschaften, Heiden, Moore, Auen und Almen. Seltene Tiere wie Braunkehlchen und Rotbauchunken, Fischotter und Seeadler fühlen sich da heimisch. Womit ich nicht andeuten will, dass sich die Tiere schneller als wir in der Einheit zurechtgefunden haben, sondern nur, dass alles seine zwei Seiten hat.

Übrigens blicken auch die Umweltschützer Europas mit Respekt auf dieses längste Biotop des Kontinents und versuchen, bei der Öffnung weiterer europäischer Grenzen ebenfalls Grüne Bänder unter Naturschutz zu stellen. Diese Art Beispielwirkung können wir uns gefallen lassen – denn hier wächst tatsächlich zusammen, was zusammengehört. Natürlich gibt es inzwischen auch im übertragenen Sinne eine Menge gemeinsamer Ost-West-Biotope auf wirtschaftlichem, wissenschaftlichem oder kulturellem Gebiet. Wo Menschen in gemeinsamen Projekten gemeinsame Ziele und Interessen vertreten, ergeben sich fast immer konstruktive Kontakte, die einen auch menschlich näher bringen.

Schließlich bin auch ich nach der Wende in einem großen Westverlag gelandet – so gesehen stehe ich als Gewinnlerin der Einheit vor Ihnen. Und gelegentlich mache ich mir immer noch bewusst, dass der Umstand, überhaupt hier zu stehen, während Sie dort sitzen und mehr oder weniger freiwillig zuhören, vor 13 Jahren alles andere als selbstverständlich gewesen wäre. Vergessen wir bei der Besinnung auf die Erfreulichkeiten nicht, dass wir einfach eine Menge Normalität gewonnen haben.

Zu dieser Normalität gehört inzwischen auch, dass in Ostdeutschland neuere Autos gefahren werden als im Westen. Weil der Nachholbedarf größer war und die Kredite verlockend. Zu den beliebten Marken gehört durchaus Audi. Insofern ist es wohl nicht übertrieben zu behaupten: Auch die Ingolstädter haben durch die staatliche Einheit nicht *nur* Nachteile. Ein paar Tausend Arbeitsplätze sind wohl dazugekommen. Unmittelbar vor meiner Abreise hierher bekam mein Nachbar Post aus Ingolstadt, den neuen Katalog – ich bin also im Bilde.

Zu der Generation gehörig, die bereits im staatlich geteilten Land geboren und aufgewachsen ist, habe ich den Wert des *Ganzen* bis vor 13 Jahren nie leben können. Wie viele von Ihnen auch nicht. Den Unwert erlebte ich schon. Eine Großmutter im Westen, eine im Osten, die Mauer fast vor der Haustür, ging der Riss quer durch Kinderwünsche. Aber schon früh war klar: Dies ist nicht nur der Riss durch eine Familie oder ein Land – dies ist der Riss durch die Welt.

Im Februar 1961 fuhr meine Mutter mit meiner Schwester und mir in den Ferien nach Oberbayern, wo ihre Verwandten als Flüchtlinge aus Schlesien in einer Kleinstadt hängen geblieben waren. Von einer kleinen Entschädigung hatten sie einen bescheidenen Passagen-Laden eingerichtet, aber in den Gesprächen ging es oft ums Sparen. Erst nach einer Woche Skifahren in der schönen Alpenlandschaft erfuhren wir Kinder von der Ehekrise meiner Eltern, die eine Rückkehr vorerst nicht möglich machte. Und obwohl wir viele Annehmlichkeiten des Urlaubs genossen hatten, wozu auch meine Vorliebe für Gummibärchen gehörte, überwog das Heimweh. Mit elf Jahren wohl normal. Ich heulte drei Tage, dann wurde ich in die 5. Klasse eines Realgymnasiums eingeschult. Vieles war mir schon damals ungeheuer fremd. Warum gab es nur Mädchen auf dieser Schule? Auch die Gedichte verstand ich nicht. Zum Beispiel das mit dem Riesenfräulein; der Bauer war in der LPG sowieso kein Spielzeug, da brauchte kein Gott davor zu sein.

Die Hauptsorge meiner Mitschülerinnen schien darin zu bestehen, ob beim Beten vor dem Unterricht nun die Katholischen oder die Evangelischen an der Reihe waren. Eine betende Klasse war ein absolutes Novum für mich. So wie mein nachgeschicktes Russisch-Lehrbuch für die bayerischen Mädchen. Sie gingen davon aus, dass man in der DDR nicht deutsch sprechen dürfe, und fragten mich, ob ich Chruschtschow schon oft begegnet sei. Stell dir vor, der erste Mensch umkreist die Erde im Kosmos, und deine Mitschülerinnen freuen sich nicht. Jeder Erklärungsversuch vertiefte die Fremdheit. Zum Beispiel meine Antwort auf die Frage, weshalb ich als Einzige jeden Morgen tief bewegt mein Milchgeld dem einbeinigen Mann gab, der vor dem Gymnasium saß. Er war einfach der erste Bettler, den ich je gesehen habe. Ich hatte keine Ahnung, wo sich in der DDR die Kriegsinvaliden aufhielten – jedenfalls nicht vor meiner Schule.

Machen wir uns nichts vor, die unterschiedlichen Prägungen haben sehr früh begonnen. Meine Schwester und ich waren jedenfalls froh, als sich im Sommer die private Krise gelegt hatte und wir nach Ostberlin zurückkehrten. Am Sonntag nach unserer Ankunft erreichte uns die Nachricht vom Bau der Mauer. Zu dem Schreck und der diffusen Ahnung, was für einschneidende Begrenzungen unser Leben erfahren würde, mischte sich bei mir aber auch Erleichterung: Da kann mich keiner mehr hinschicken! So untypisch kann das Leben sein.

Sie können immerhin davon ausgehen, dass ich Bayerisch ganz

gut verstehe. Umgekehrt hörte ich, dass nach dem Krieg in Ingolstadt Sächsisch die verbreitetste Fremdsprache gewesen sei. Weil sich in diesem nicht mehr benötigten Garnisonsstandort die neue Auto Union niederließ, während die ursprünglichen Werke in Chemnitz, Zschopau und Zwickau von der Sowjetunion als Reparationsleistung komplett demontiert wurden. Da war es den enthusiastischen sächsischen Autobauern nicht zu verdenken, wenn sie sich mitsamt den Konstruktionsunterlagen nach Ingolstadt absetzten. Ihre schöne Stadt hat – und das sage ich ganz neidlos – zweimal Glück gehabt: Sie hat von der Teilung profitiert und auch von der Vereinigung.

Ich bin noch bei dem Wert des Ganzen. Jahre nach Gründung der beiden deutschen Staaten wurde die Bezeichnung *Deutschland* in der DDR kommentarlos aus den Namen öffentlicher Einrichtungen und Organisationen getilgt. Nicht, dass der Begriff mich je gestört hätte, aber sein Verschwinden störte mich ebenso wenig, er interessierte mich nicht. Als Nachkriegskind verbanden sich für mich mit ihm eher Gefühle des Verlustes als des Gewinns. Gut, der Rhein wäre eine Bereicherung des Erfahrbaren gewesen, aber nicht mehr als die Seine oder der Mississippi. Die wirklich schöne Ingolstädter Donau blieb uns verwehrt, was uns nicht davon abhielt, sie in Budapest zu bewundern. Und Sie wiederum kennen die Moldau vermutlich besser aus der Musik und die Wolga aus dem Fernsehen …

Die deutsche Klassik war für mich der Teil der Weltliteratur, der glücklicherweise in meiner Sprache verfasst war. Sicher, ich liebte die Brüder Mann und Feuchtwanger und Brecht, aber das bedeutete nicht zwangsläufig, dass diese Autoren mir näher gewesen wären als Dostojewski oder Camus. Die Welt war absurd, und imponieren konnte am besten, wer sie als solche beschrieb. Kafka – auch nur bedingt ein Deutscher. Und Beckett nicht mal das.

Die DDR mit ihrer Provinzialität und Enge konnte selbstverständlich auch nicht die Endstation Sehnsucht sein. Aber sie war Teil einer Dimension, die durchaus aufregend war – Osteuropa, der groß angelegte Versuch einer alternativen Antwort auf die soziale

Frage. «Sozialismus und Kapitalismus, die beiden genial missratenen Kinder der Aufklärung», wie Günter Grass sie unlängst nannte, okkupierten Bindungskräfte meiner Generation auf beiden Seiten. Sie waren genial, weil es beiden gelungen war, wenigstens eines der großen Ideale der Aufklärung weitgehend zu gewährleisten – der eine Gleichheit, der andere Freiheit. Sie sind missraten, weil beide nicht wahrhaben wollten und wollen, dass das eine ohne das andere seinen Wert verliert.

In der DDR haben die Unterdrückung beinahe aller alternativen und kreativen Ansätze, die Verfolgung Andersdenkender und die allgemeine Gängelung und Bevormundung schließlich zu einer so spürbaren Beeinträchtigung durchaus vorhandener Leistungspotenzen geführt, dass die Menschen den permanenten Mangel an Waren und an Glaubwürdigkeit satt hatten. Ihre weitgehende soziale Gleichheit in Form von Existenzsicherheit war da kein hinreichender Trost mehr. Nicht umsonst habe ich meinen Beruf als Fernsehjournalistin neun Jahre vor der Einheit an den Nagel gehängt und stattdessen das Leben in der DDR in Büchern und Hörspielen beschrieben, die meist gleichzeitig im Westen erschienen und auch nach der Wende noch Bestand hatten.

So war es kein Zufall, dass ich im Herbst 89 Gründungsmitglied der Bürgerbewegung «Demokratischer Aufbruch» wurde. Da ich meine Erfahrungen aus jener Zeit wiederum in Büchern festgehalten habe, sind mir die damaligen Hoffnungen noch sehr gegenwärtig. Es würde vielleicht unserem feierlichen Einvernehmen entgegenkommen, wenn ich auch den Rest meiner kurzen Redezeit nicht dafür verschwenden würde, auf die Diskrepanz von damaligen Erwartungen in Ost und West und heutiger Realität zu verweisen, sondern bei den Errungenschaften der letzten Jahre bliebe. So etwa bei den frischen Farben, denen das einstige Grau in vielen östlichen Städten und Dörfern gewichen ist. Fast drei Viertel des Wohnungsbestandes sind seit der Einheit modernisiert worden. In den ersten drei Jahren wurden so viele Ein- und Zweifamilienhäuser gebaut wie in der DDR in zwanzig Jahren. Dabei wurden doppelt so viele staatliche Zuschüsse für die private Wohneigentumsbildung ausgegeben wie für sozialen Wohnungsbau und Wohngeld. Allerdings ist dies auch eine der Ursachen für den deprimierenden Wohnungsleerstand. Und bei all den neuen Konsumpalästen, Bankfilialen, Villen und Wellness-Bädern sollte man gelegentlich fragen, wer hier Haus*herr* und wer Haus*meister* ist.

Wenn Sie sich schon zur Festrede eine Autorin einladen, die durch eine kritische Sicht auf den Weg der Einheit aufgefallen ist, empfinde ich es als ein Gebot des Respekts, Ihnen gerade an einem Tag wie heute Problematisches nicht vorzuenthalten. Das ist eben nicht Larmoyanz, sondern Ausdruck gegenseitigen Ernstnehmens. Nur wer die Lage und die Meinung seines Gegenübers kennt, kann ihn verstehen, was auch heißt: sachkundig widersprechen oder hilfreiche Vorschläge machen.

Wer nie versucht hat, sich einzumischen, soll nicht behaupten, es ginge nicht. Sich schreibend einmischen heißt stören. Wer zufrieden ist, schreibt nicht. Schreiben heißt abweichen und rebellieren, attackieren und ironisieren. Schriftsteller sind nicht dazu da, Harmoniebedürfnisse zu erfüllen. Sie müssen auch keine Hoffnungen machen und Lösungen anbieten. Dafür haben wir ja Politiker. Schriftsteller sollten auf ihre Art das Problembewusstsein schärfen und die Sensibilität füreinander wachhalten. Nur wer so gezielt zuspitzt, dass er einen empfindlichen Nerv trifft, wird überhaupt gehört. Und muss dann selbst mit Angriffen rechnen.

Ich erinnere mich gut, welche großen Erwartungen viele DDR-Bürger in die Demokratie gesetzt haben. Zu den wichtigsten Forderungen aus der Wendezeit gehörte das Recht auf freie Wahlen. Bei den letzten Kommunalwahlen in Thüringen betrug die Wahlbeteiligung 45 Prozent. Der Selbstentmachtung der Politiker folgt zwangsläufig die Selbstentmachtung der Wähler. Dieses Verhalten ist enttäuschend. Man kann es kritisieren, aber hilfreicher ist wohl, es erklären zu wollen.

Nach 13 Jahren Einheit ist die Bilanz durchaus widersprüchlich. Die gute Hälfte der befragten Ostdeutschen, darunter viele Rentner, gibt an, ihre persönliche materielle Situation habe sich im Vergleich zur DDR verbessert. Das bezieht sich vor allem auf den Wohnkomfort, auf Konsum- und Reisemöglichkeiten. Für westliche Beobachter merkwürdigerweise stieg aber das Wohlwollen gegenüber Politik und Gesellschaft nicht proportional. Das heißt, wachsender Wohlstand zieht im Osten nicht unbedingt wachsendes Wohlbefinden nach sich. Um meiner Glaubwürdigkeit vor Ihnen Nachdruck zu verleihen, stammen alle Zahlenangaben aus westlichen Quellen. So entnehme ich dem Schulbuch meiner Tochter, dass mit der Demokratie in Deutschland im Westen 73 Prozent eher zufrieden sind, im Osten nur 48 Prozent. Dies ist jedoch keine generelle Demokratiefeindlichkeit und Ablehnung marktwirtschaftlicher Steuerung, sondern eine Kritik daran, wie marktradikal und lobbyistisch das System im Osten übertragen wurde.

Es gibt Fehler, die sind so gravierend, dass sie irreparabel sind. Dazu gehört das Anzetteln von Eroberungskriegen – das muss man hierzulande nicht erklären. Nach dem Ersten Weltkrieg sank die Industrieproduktion Deutschlands auf 60 Prozent. Nach dem Zweiten Weltkrieg sank sie auf 40 Prozent. Auf 30 Prozent sank die Industrieproduktion Ostdeutschlands nach dem Beitritt. Alle Fachleute hatten dies vorausgesagt. Der Bundesrat machte seine Zustimmung zum Vertrag über die *Währungsunion* in einer nie an die Öffentlichkeit gelangten Entschließung davon abhängig, dass es unverzüglich zu Neuverhandlungen kommt, «sobald sich zeigt, dass die DDR auf Dauer zum wirtschaftlichen Notstandsgebiet zu werden droht». (Bundestagsprotokoll, II Wahlperiode, S. 17574) «Die Wirkung der Währungsunion zu den Bedingungen von Kanzler Kohl war vergleichbar mit einer ökonomischen Atombombe», konstatierte der Wirtschaftskolumnist des *Guardian* knapp ein Jahr später, im April 1991. Doch statt nachzuverhandeln, kam die Schocktherapie der *Treuen Hand* hinzu, die 95 Prozent des Volkseigentums in westliche Hände übergab. Die Ostdeutschen sind heute die Bevölkerung in Europa, der am wenigsten von dem Territorium gehört, auf dem sie lebt. Immobilien, Betriebe und Bodenreformland wurden zu Konditionen verkauft, von denen die einstigen DDR-Bürger weitgehend ausgeschlossen waren. Egon Bahr hat darauf hingewiesen, dass in Ostdeutschland feudale, frühmittelalterliche Eigentumsstrukturen geschaffen wurden, wie sie selbst in Afrika und im Orient vor zwei Generationen überwunden worden sind. Die politische Vereinigung Deutschlands hat die ökonomische Spaltung auf gewissen Gebieten vertieft.

Das Problem ist beileibe nicht, dass der Osten noch nicht den Wohlstand des Westens erreicht hat. Der Jahresbericht der Bundesregierung zum Stand der deutschen Einheit weist für die neuen Länder ein Bruttoinlandsprodukt aus, das immer noch unter dem liegt, das selbst die marode DDR am Ende zustande gebracht hatte. Oder aus der Sicht (des 19. Berichts) des Deutschen Instituts für Wirtschaftsforschung beschrieben: Die Einfuhren nach Ostdeutschland übertreffen die Ausfuhren auf dramatische Weise. Das jährliche Leistungsbilanzdefizit betrug in den letzten Jahren jeweils 200 Milliarden Mark. Diese gigantische Summe bedeutet, dass im Beitrittsgebiet jeden Tag Leistungen von etwa 600 Millionen Mark angefordert werden, die durch eigene Wirtschaftskraft nicht gedeckt sind. Anders ausgedrückt: Rund ein Drittel des Verbrauchs in den neuen Ländern wird von draußen finanziert – eine zu DDR-Zeiten undenkbare Disproportion. Es ist freilich ein Bankrott auf hohem Niveau: Unsere Telekommunikation ist auf dem neusten Stand, und die meisten Straßen sind ausgebaut. Aber all die schöne Infrastruktur erfüllt hauptsächlich den Zweck, westliche Waren ins Beitrittsgebiet zu karren. Märkte schaffen ohne Waffen.

Spätestens hier glaube ich Ihre nicht unberechtigte Frage zu hören, ob die Ostdeutschen angesichts der enormen Transferzahlungen, von denen man in den anderen osteuropäischen Ländern nur träumt, nicht auch etwas zufriedener, oder klarer gesagt, dankbarer sein könnten?

Das ist ein sehr sensibler Punkt. Natürlich entgeht vielen Ostdeutschen nicht, welchen enormen Belastungen inzwischen nicht nur die Städte und Gemeinden in den alten Bundesländern unterworfen sind. Da die Kosten der gegen jede ökonomische Vernunft organisierten Einheit leider nicht durch einen Lastenausgleich aufgebracht wurden, sondern weitgehend den Sozialsystemen aufgebürdet wurden, kann gar nicht übersehen werden, dass auch jeder von Ihnen von dieser und jener Agenda empfindlich zur Kasse gebeten wird. «Unser soziales System steht wirklich auf der Kippe», hat Ex-Bundespräsident Herzog gerade gesagt. Dass sich inzwischen herumgesprochen hat, dass auch die Ostdeutschen den Solidaritätsbeitrag zahlen, macht die Sache nicht besser. Soweit ich es beurteilen kann, sieht man im Osten die westlichen Leistungen mit Respekt und Mitgefühl. Und mit dem unbehaglichen Wissen darum, dass die DDR-Wirtschaft am Ende verschlissen war. Sie war krank, aber nicht tot.

Die gesamten Auslandsschulden betrugen etwa ein Viertel dessen, was jetzt jährlich an Transfergeldern nötig ist. Für mein Buch «Wir bleiben hier – wem gehört der Osten?» habe ich den zurückgetretenen Bundesbankpräsidenten Karl-Otto Pöhl und andere Kapazitäten ausführlich zur Leistungsfähigkeit der DDR-Wirtschaft und Währung befragt – darauf einzugehen fehlt jetzt die Zeit. Unterstellt, die industrielle Ausrüstung sei ein einziger Schrotthaufen gewesen, bliebe die Frage, wie man mit einem Schrotthaufen 1989 immerhin noch ein Bruttosozialprodukt von 354 Milliarden Mark (Statistisches Jahrbuch der DDR von 1990) erwirtschaften konnte. Angenommen, es war ein Schrotthaufen, was nicht stimmt, aber bleiben wir dabei – so konnten doch die Immobilien und der schuldenfreie Grund und Boden und vor allem die mitgebrachten enormen Absatzmärkte in Osteuropa und Asien nicht wertlos sein. Die sind nämlich nicht weggebrochen, wie behauptet wird, sondern weggenommen. Schon nach kurzer Zeit haben westliche Unternehmen diese langjährigen Kunden der DDR in vollem Umfang beliefert.

Ein Zufall war es nicht, dass zwischen 1989 und 1992 die Zahl der Einkommensmillionäre in den alten Bundesländern um beinahe 40 Prozent zugenommen hat. Wir heute hier Zusammengekommenen sind da nicht dabei – da bin ich mir ziemlich sicher. Ein Zufall war es auch nicht, dass das beste Geschäftsjahr der Deutschen Bank in ihrer hundertjährigen Geschichte 1990 war. Im *Spiegel* (10/94 S. 55) konnte man dazu lesen: «Für westliche Geldhändler hat es einen dickeren Fang wohl nie gegeben: Das komplette Bankensystem eines ganzen Staates, rund 80 Milliarden Mark Spareinlagen und die Schulden auf der anderen Bilanzseite, war im Supermarkt der deutschen Einheit billig zu haben. Fast alle bedeutenden Kreditinstitute griffen zu.»

Wenn man bedenkt, dass Kredite in der DDR für einen Zinssatz zwischen zwei und fünf Prozent vergeben wurden, die neuen Geldeigner aber für diese von ihnen selbst nie vergebenen Kredite plötzlich einen Zinssatz von zehn und mehr Prozent forderten und so allein zwischen 1991 und 1996 einen Zusatzgewinn von ca. 100 Milliarden D-Mark erzielten, so muss man sich schon fragen, weshalb nicht auch die Banken einen kleinen Solidarbeitrag zu zahlen haben …

Dieselbe Frage wäre bei fast allen Treuhandgeschäften angebracht. «In Wahrheit waren fünf Jahre Aufbau Ost das größte Bereicherungsprogramm für Westdeutsche, das es je gegeben hat.» Sage nicht ich, sondern Henning Voscherau (4.12.96 in der *Welt*), damals Hamburgs Regierender Bürgermeister. Für Westdeutsche, sagt er, nicht für alle Westdeutschen. Für einige, würde ich denken. Eher einige wenige.

Das Statistische Bundesamt veranschlagt den «Vereinigungsgewinn» für Westdeutschland auf rund 200 Milliarden D-Mark pro Jahr. Weit mehr also, als der Nettotransfer in die entgegengesetzte Richtung, der den Ostdeutschen ständig vorgerechnet wird. Verstehen Sie jetzt, weshalb ich bei der Frage nach der Dankbarkeit erst immer genau wissen will: Wem? Wofür?

(Ihnen, allein dafür, mir weiter zuzuhören, gebührt sie auf jeden Fall!)

Einen Vereinigungsprozess, der gerecht verlief, hat es in der Geschichte allerdings noch nie gegeben. Der Zusammenschluss verschieden starker Partner ist immer die Stunde der Lobbyisten. Wenn etwas Warmes und etwas Kaltes zusammenfließen, dann wird das Warme kälter und das Kalte wärmer. So ist die Natur. Wenn sich Reich und Arm vereinen, dann wird das Reiche reicher und das Arme ärmer. So ist der Mensch.

Als sich die reichen Nordstaaten Amerikas nach dem gewonnenen Bürgerkrieg 1865 entschlossen, den armen Süden aufzubauen, nahm in einem Jahrzehnt der Wohlstand des Nordens um weitere 50 Prozent zu, während der Lebensstandard im Süden um weitere 60 Prozent sank. So ist das Geld. Das hätte man wissen können.

Gestatten Sie mir ein kleines Gedankenspiel: Ich bin aufgewachsen im Süden von Berlin, wo rund um Teltow im Laufe der Jahre große Volkseigene Betriebe gebaut wurden. Erst ein Geräte- und Reglerwerk, dann ein Kombinat für elektronische Bauelemente, schließlich ein Halbleiterwerk. Mitte der 80er Jahre habe ich in einem Originalton-Hörspiel die Geschichte einer jungen Facharbeiterin von dort erzählt, deren Arbeit, das Gold-Bedampfen von elektronischen Chips, durch einen Automaten wegrationalisiert wurde. Selbstverständlich bekam sie einen anderen Arbeitsplatz im Betrieb zugewiesen. Diese Tätigkeit war aber monoton, etwas für Ungelernte. Daraufhin ging sie wütend zur Gewerkschaft und sagte dort dasselbe wie in mein Mikrophon: Ich bin ein Facharbeiter und kein Spielzeug, und wenn ihr mir keine Arbeit geben könnt, die mir Spaß macht, dann werde ich wohl kündigen müssen. Das war eine handfeste Drohung, denn die Fluktuation im ganzen Land war hoch, und jeder Abteilungsleiter bekam großen Ärger, wenn wieder einer seiner Werktätigen aus Unzufriedenheit den Betrieb verlassen wollte. Das klingt heute wie eine Geschichte von einem anderen Stern.

Der Umstand, dass die Produkte dieser Region bis zur Währungsunion in über dreißig Länder exportiert wurden, allerdings auch. Von den 18 000 Industriearbeitsplätzen sind danach einige hundert übrig geblieben. Mitte der 90er Jahre schrieb ich die Geschichte einer Ingenieurin für wissenschaftlichen Gerätebau auf. Nach der

Wende wird ihr Betriebsteil des 6000 Leute beschäftigenden Geräte- und Reglerwerkes von einer Firma aus Texas übernommen. Die steckt alle Fördermittel ein, baut dann aber, bis auf eine GmbH mit 32 Mitarbeitern, alle Arbeitsplätze ab. Die Ingenieurin, die als «Persönlichkeit mit einem hohen Maß an sozialer Orientierung» gilt, erlebt ihre Kündigung als starke Demütigung. Sie schreibt über fünfzig Bewerbungen und ist fassungslos über die Erfolglosigkeit ihrer Bemühungen. Eine Depression setzt ein, begleitet von kreisrundem Haarausfall. – Eine scheinbar ganz gewöhnliche Geschichte, Ähnliches kennen Sie alle.

Um sich aber in die besonderen Begleitumstände besser einfühlen zu können, stellen Sie sich bitte nur für einen Moment vor, der Umsatz von Audi schwächele. Ein Typ aus Texas käme nach Ingolstadt, behauptet, Audi sei nicht mehr konkurrenzfähig, müsse deshalb von ihm übernommen und geschlossen werden, und er bekäme dafür auch noch irgendwelche Fördergelder. Die letzte Aufgabe für die Beschäftigten sei der Rückbau des Betriebes. Schon gut – Ende des Gedankenspieles. Zurück zur Normalität.

In Fachgutachten über die östliche Million leer stehender Wohnungen lese ich von «flächendeckendem Abriss der Stadtbrachen» und, wo auch dafür das Geld fehlt, von Vierteln, die «ausgebucht und eingemottet» werden. Bewohner, die das gleiche Schicksal vermeiden wollen, suchen das Weite. So will über die Hälfte der Jugend in Mecklenburg-Vorpommern mit Sicherheit oder großer Wahrscheinlichkeit wegziehen (*Schweriner Volkszeitung*, 5.5.02) Kein Wunder bei einer realen Arbeitslosigkeit in dieser Region, die fünfmal so hoch ist wie in Bayern. Selbst in der Leuchtburg Dresden steht bald jede fünfte Wohnung leer. Das Stadtumbauprogramm Ost ist ein rühriger Versuch der Bundesregierung, das Desaster abzuwenden. Aber die Mittel sind doch nur ein Tropfen auf den kalten Stein. Wenn sich die Menschen weiterhin in gleichem Ausmaß genötigt sehen, aus beruflichen Gründen in den Westen zu ziehen, so werden nach Berechnungen von Demographen schon im Jahre 2020 zwei Drittel aller Bewohner Ostdeutschlands Rentner sein. Ich wage nicht, mir vorzustellen, welche Folgen allein für das Lebensgefühl das haben wird. Ironie oder Agonie? Der Aderlass an Jugend, Kreativität, Bildung, Optimismus und Lebenslust ist die größte Bedrohung für den Osten.

Die beabsichtigte schöpferische Zerstörung dessen, was einst die überindustrialisierte DDR war, hat das Gebiet zu einem strukturschwachen Entwicklungsland gemacht, in dem von fernen Zentralen fremdbestimmte Montagebetriebe einsame Hoffnungsträger sind. Kein einziges der 190 größten deutschen Unternehmen hat seinen Sitz im Osten. Den verlängerten Werkbänken aber droht bei abschwächender Konjunktur als Ersten der Abbau. Eine Allianz böser Zungen behauptet, was dann noch blühe, seien Sondermülldeponien und überdimensionierte Klärwerke.

Ich bin mir bewusst, Ihr Maß an Leidensfähigkeit für den Osten nun ausgeschöpft zu haben. Es wird Zeit, auch Ihre Situation zur Kenntnis zu nehmen. Es wäre pure Ignoranz zu übersehen, dass selbstverständlich auch Sie Sorgen haben. Und gleichzeitig Grund, auf das Erreichte stolz zu sein. Am Vorabend des Feiertages haben wir alle Anspruch auf ein paar verbale Annehmlichkeiten. Deshalb wäre es an einem Tag wie heute wohl angemessener zu sagen: Es ist alles langwieriger und schwieriger, als wir dachten, wir haben alle manchen Fehler, aber auch vieles Richtige gemacht; nun wissen wir, wo es langgeht, die Tendenz stimmt, ein Ende ist absehbar. Aber gerade an einem Tag wie heute sollte man bei der Wahrheit bleiben. Deshalb sage ich mir: Ihre eigene Situation kennen Sie. Und Sie werden diese halbe Stunde schon durchhalten.

Der bereits erwähnte Bericht der Bundesregierung weist für den Osten im vorigen Jahr erstmalig ein Minuswachstum aus. Wir wissen nicht, wo es langgeht, die Tendenz stimmt nicht, ein Ende ist nicht absehbar.

Vor wenigen Tagen hat der für den Aufbau Ost zuständige Bundesminister Manfred Stolpe verkündet, der Traum von einer baldigen Angleichung der Lebensbedingungen in Ost und West müsse «endgültig beerdigt werden». Gleicher Lohn für gleiche Leistung?

Nein, siebzig Prozent Lohn bei gleichen Ausgaben. Erst in 16 Jahren soll das Ziel geschafft sein, aber nicht etwa, weil begründete Wachstumsprognosen zu dieser Hoffnung berechtigen, sondern weil dann die Transfergelder auslaufen. Wundersame Genesung durch in Aussicht gestellten Medikamentenentzug? Andere Fachleute gehen inzwischen davon aus, es werde achtzig Jahre dauern, bis sich der Lebensstandard in beiden Teilen des Landes angeglichen habe. Setzt sich diese Tendenz fort, wird es wohl niemanden mehr überraschen, wenn uns demnächst erklärt wird, die Kluft werde überhaupt nie überwunden werden. Viele sagen: Der Osten ist aufgegeben worden. Von Chefsache ist längst keine Rede mehr. Das ist auch gut so. Denn die Chefs kommen und gehen, aber der Osten bleibt. Und ein alimentierter Osten schwächt den Lebensstandard der ganzen Bundesrepublik. Spätestens hier bin ich doch auch wieder bei Ihnen.

Ich wünschte, der Osten würde zur Herzenssache. Bei einer dramatischen und sozusagen telegenen Katastrophe wie der Flut ist das eindrucksvoll gelungen. Die Solidarität war nicht nur herzerwärmend, sondern für die Betroffenen auch überlebenswichtig.

Aber die schleichende alltägliche Abwärtsbewegung, der Streit darüber, ob der Osten auf der Kippe steht oder bereits gekippt ist, ist schwer zu vermitteln. Haben wir deshalb zur Aufmunterung die Ostalgiewelle beschert bekommen? Lassen Sie mich dazu eine Episode erzählen. Vor einem Monat stand ich auf der Autobahn Hamburg – Berlin im Stau. Ich meine so einen richtigen Stau, wo man aussteigt und Zeit hat, mit den Leuten ins Gespräch zu kommen. Vor uns in der Schlange stand ein Wagen mit großem Sat-1-Logo. Ihm entstieg eine Truppe junger, lustiger Leute, die an Autos mit Berliner Nummern Einladungen verteilten: zur «Ultimativen Ostshow» am nächsten Wochenende. Ich nutzte die Gelegenheit, mit den Redakteuren ins Gespräch zu kommen, die, wie sich zeigte, alle Hamburger waren. Meine Frage, ob sie denn auch Ostdeutsche in der Redaktion hätten, überraschte sie zunächst, schließlich glaubten sie zu wissen, dass wohl einige zur Beratung hinzugezogen worden seien. Also keine Sorge – selbst die Ostalgie ist fest in Westhand.

Wenn ich in den letzten Wochen zu Lesungen in den neuen Ländern unterwegs war, habe ich gern erwähnt, dass ich heute hier sprechen werde, und gefragt, was ich erzählen soll. Immer wurde ich gebeten, ich möge reinen Wein einschenken – das Anliegen ist erfüllt. Mit Blick auf jene Shows wurde bemängelt, dass die DDR weder eine permanente Strafkolonie noch eine andauernde Ulknummer war. Ich möge doch erwähnen, dass es jenseits der Extreme eine alltägliche Anstrengung von einer Menge Leute gab, die ihr Gebiet weiterbringen wollten. Als Beispiel möge ich die Sache mit PISA erwähnen. Womit gemeint war, dass nach jener ernüchternden Studie eine Delegation der Gewerkschaft Erziehung und Wissenschaft ins siegreiche Finnland fuhr, um sich das Geheimnis des Erfolgs erklären zu lassen. Doch in Helsinki war man überrascht, weshalb sich die Delegation aus Deutschland einen so weiten Weg gemacht hatte – schließlich haben die Finnen das Grundmodell ihres Schulwesens einst aus der DDR übernommen. Und dann weiterentwickelt. Manche DDR-Eigenheit konnte nur im Ausland überleben. Als die Australier erfuhren, dass sie die Olympiade bekommen, erzählt ein Lehrer der abgewickelten Sporthochschule, kamen ihre Trainer in die DDR um den Breitensport und die Talentenförderung zu studieren. Spuren davon sind auf dem fernen Kontinent noch auffindbar. Wie auch Reste des DDR-Familiengesetzbuches in der Gesetzgebung von Entwicklungsländern.

Umgekehrt, so sagen mir Russen, erkennen wir bei klarer Sicht schon vom Flugzeug aus, ob wir noch über Ost- oder schon über Westdeutschland fliegen. Wissen Sie, warum? Klar, sage ich, die landwirtschaftlichen Betriebe sind im Osten im Schnitt zehnmal so groß und entsprechend die Felder. Siebzig Prozent der einstigen LPG-Flächen werden weiterhin kollektiv bewirtschaftet. Was sich als durchaus konkurrenzfähig erwiesen hat. Schade, sagen die Russen, die sich immer gut in der DDR-Literatur auskannten, nun habt ihr keinen *geteilten Himmel mehr*, aber noch geteilten Boden.

Ja, gebe ich zu, im Westen gibt es wenig Neigung, östliches Knowhow auszuprobieren. Das Verlierer-, Doping- und Spitzel-Image hat alles überdeckt. Sagen Sie den Ingolstädtern, empfehlen meine Leser da wiederum, die Gauck-Behörde habe mehrfach, wenn auch vergeblich darauf aufmerksam gemacht, dass 98 Prozent der DDR-Bürger niemals mit der Stasi zu tun hatten. Sagen sie dort, wir sind kein Land von Versagern, Denunzianten und Bittstellern. Wir möchten niemandem zur Last fallen. Wir möchten keine Almosenempfänger sein, sondern etwas leisten dürfen. Wie wir wünschen, dass auch unsere bisherige Leistung respektiert wird. Das ist doch ein ziemlich deutscher, also eigentlich verständlicher Wunsch!

Wir möchten Chancengleichheit, was heißt: die gleiche Freiheit für alle. Solange dies nicht so ist, wird die Verheißung *Freiheit* im Osten nicht einmal als Floskel abgenickt, sondern beargwöhnt. Die neuen Chancen durch den Hinzugewinn von klassischen freiheitlichen Rechten werden durchweg gewürdigt. Die Möglichkeit, endlich überallhin reisen zu können, steht dabei an erster Stelle. Aber auch die Selbstverständlichkeit von Schüler- und Studentenaustauschen ist wunderbar. Der weitgehende Verlust von modernen sozialen Grundrechten ist für viele jedoch ein sehr hoher Preis. Eine Verfassung soll den Einzelnen vor dem Staat schützen. Das schließt aber nicht aus, dass der Staat dennoch auch den Einzelnen schützt. Erst die Dreieinigkeit ist für die meisten Ostdeutschen die ganze Freiheit: die Freiheit *vom* Staat (also die Abwehrrechte), die Freiheit *im* Staat (die Partizipationsrechte) und die Freiheit *durch* den Staat (die sozialen Menschenrechte).

Der Gesetzgeber hat jedoch in den Augen vieler Ostdeutscher ihre Freiheitsrechte auf bestimmten Gebieten eingeschränkt. Denn das wichtigste Freiheitsrecht ist in der Marktwirtschaft das Eigentum. Ludwig Erhard kannte die Spielregel seines Systems: «Nur Eigentum gewährleistet persönliche Sicherheit und geistige Unabhängigkeit.» Die größte Enteignung, die es je im Kapitalismus gab, haben die Ostdeutschen angesichts ihres nicht nur entschädigungslos, sondern sogar mit Schaden, nämlich mit Schulden, geschluckten Volkseigentums erleben müssen. In Osteuropa haben sich die eigenen Eliten bereichert – welcher Couleur auch immer.

Ostdeutschland aber erlebt einen Kapitalismus ohne eigene Kapitalisten. Die Unternehmensstrukturen von Kleinproduzenten mit kleinen Liefermengen bei folgerichtig höheren Preisen können mit den Rabatten, Vorzugskrediten und anderen Vergünstigungen der Großen nicht mithalten.

All dies hat das Gefälle zwischen Ost und West zementiert. Die heutigen Differenzen lassen sich nicht allein aus der früheren Kluft des Lebensstandards erklären. Wenn die Formel von Ludwig Erhard stimmt, so haben die Ostdeutschen, da sie im Pro-Kopf-Vergleich zu den Westdeutschen nur noch über ein Viertel des Eigentums verfügen, auch nur ein Viertel an persönlicher Sicherheit und geistiger Unabhängigkeit. Und wo kein Haben ist, da ist nach hiesigen Spielregeln auch kein Sagen. Man kann die Ostdeutschen nicht in Demokratie und soziale Marktwirtschaft einbeziehen wollen, indem man sie zugleich von deren Voraussetzungen, nämlich Arbeit und Eigentum, weitgehend ausschließt. Das allerdings trifft auf Westdeutsche, so sie dieselbe Erfahrung machen, ganz genauso zu.

Die Rechnung für die denkbar teuerste Art der Vereinigung wird den Menschen auf beiden Seiten untergejubelt. Dabei wird der Reichtum immer unverschämter, die Armut immer verschämter. Werden wir angesichts eines vor der Tür stehenden Winters mit vielleicht fünf Millionen Arbeitslosen fragen müssen, ob wir demnächst im Abschwung vereint seien? Dagegen anzugehen liegt längst im gemeinsamen Interesse der Betroffenen in Ost und West.

Ich sprach eingangs von meinem Selbstverständnis, wonach Schriftsteller nicht dazu da sind, Lösungen anzubieten. Das müssen wir schon alle gemeinsam machen. Aber sie sind unter anderem dazu da, Fragen zu stellen. Zwei kleine zum Schluss: Auf der Kundgebung zum 1. Mai in Sindelfingen, wie Sie wissen, beinahe ein Synonym für DaimlerCrysler, hat der Bürgermeister darauf hingewiesen, dass die Einnahmen der Stadt aus der Hundesteuer höher sind als die aus der Gewerbesteuer. Vielleicht können mir die Hundebesitzer unter Ihnen nachher erklären, wie es damit in Ingolstadt aussieht.

Keine Aufklärung brauche ich als Mutter einer schulpflichtigen

Tochter darüber, dass der Staat seine Ausgaben für Schulbücher in den letzten zehn Jahren um ein Drittel gekürzt hat. Gleichzeitig stellte er über zwei Milliarden Euro für 60 Militärmaschinen mit dem harmlosen Namen *Airbustransporter* bereit. Nicht ahnen könnennend, welche Regierung in welchen Kriegen damit was transportieren wird. Zwei *Kriegsflugzeuge* weniger und die Schulbuchfrage wäre gelöst. Wer rechnet aus, für wie viel «Transporter» weniger auch die Gesundheit der Bevölkerung auf einen bezahlbaren Weg zu transportieren wäre?

Wenn ich eingangs sagte, dass ein froher Anlass uns heute zusammengebracht hat, so deshalb, weil wir über alle diese Fragen nun nicht mehr gegeneinander, sondern miteinander nachzudenken haben. Wir brauchen keine Energien mehr daran zu verschwenden, uns gegenseitig zu blockieren. Ergänzen wir das Grüne Band zwischen uns durch Bänder der Solidarität. Menschlicher Zusammenhalt gelingt dann, wenn jede Seite ein Interesse daran hat. Werden wir uns bewusst, dass genau dies in vielen Belangen der Fall ist. Mögen wir uns dem gütigen Geschick, das uns vor 13 Jahren beschert wurde, gewachsen erweisen.

Da liegt kein Segen drauf
Zum geplanten Zentrum gegen Vertreibung

Geschichtsschreibung ist bekanntlich die Summe der Lügen, auf die sich die Mehrheit einigt. In Ost und West hatte man sich mehrheitlich darauf geeinigt, das Elend der Flüchtlinge weitgehend auszublenden. In meiner Kindheit waren bildhafte Schilderungen von der Flucht dennoch präsent, denn die Familie meiner Mutter stammte aus Breslau. Sie verlor dort all das, was die Existenz ausmachte, auch ein vierstöckiges Geschäftshaus mit Renaissancefassade in bester Lage am Ring.

Inzwischen sind die einst Redeunwilligen aus mancherlei Gründen offensiver geworden. Ein *Zentrum gegen Vertreibung* benennt allerdings schon im Titel das falsche Objekt der Anklage. Genauso gut könnte man ein Zentrum gegen Gebietsannexionen befürworten, eins gegen gefallene Soldaten, gegen Massaker an Zivilisten, gegen Bombenopfer und Ruinen, eins gegen Zwangsarbeit und Gefangenenlager, gegen Hunger und Typhus, ein Zentrum gegen Vergewaltigung, gegen Verrohung der Sitten, gegen Vergeltung und Strafe der Sieger.

All dies hat mehr Todesopfer gekostet als Flucht und Vertreibung. All dies sind im letzten Jahrhundert immer die fatalen Folgen von Kriegen gewesen, je schrecklicher der Krieg, je fataler. Verurteilt man aber die Folge und nicht die Ursache, so greift man zu kurz, ja weckt Illusionen. Man suggeriert, nach Angriffskriegen könnten deren unvermeidliche Folgen vermieden werden. In dem Fall die Vertreibung der mehrheitlich kriegswilligen deutschen Bevölkerung.

In einem Memorandum der tschechischen Exilregierung vom November 1944 hieß es: «Nach den Erfahrungen der beispiellosen Akte der Barbarei, die von den Deutschen während des gegenwärtigen Krieges am tschechoslowakischen Volk begangen wurden, ist es unvorstellbar geworden, dass in Bezug auf die deutsche Minderheit der jetzige Zustand beibehalten wird»; stattdessen ist von einer «radikalen Reduzierung» durch «Transfers» die Rede. Einen Monat später erweiterte Churchill in seiner Rede «Über Polen» den Vorschlag: «Völlige Vertreibung der Deutschen – aus den Gebieten, die Polen im Westen und Norden gewinnt. Denn die Vertreibung ist, soweit wir in der Lage sind, es zu überschauen, das befriedigendste und dauerhafteste Mittel.» So sollten «endlose Unannehmlichkeiten» vermieden werden. Und Präsident Truman fügte in der *New York Herald Tribune* am 10. August 1945 hinzu: «Das neue Gebiet im Westen wird Polen in die Lage versetzen, seine Bevölkerung besser zu versorgen.»

Umgekehrt kam die Verkleinerung Deutschlands der wenige Tage zuvor im Potsdamer Abkommen festgelegten Reduzierung der «bestehenden übermäßigen Konzentration der Wirtschaftskraft» entgegen: «… das deutsche Volk fängt an, die furchtbaren Verbrechen zu büßen, die unter der Leitung derer, welche es zur Zeit ihrer Erfolge offen gebilligt und denen es blind gehorcht hat, begangen wurden.» Reparationen und die Entflechtung von Monopolen gehörten zu den «Maßnahmen, die notwendig sind, damit Deutschland niemals mehr seine Nachbarn oder die Erhaltung des Friedens in der ganzen Welt bedrohen kann».

Obwohl es heftig bestritten wird, kritisiert man mit dem Slogan «gegen Vertreibung» rückwirkend eben doch, was die Alliierten und mit ihnen andere Staaten für richtig hielten. Wer bedingungslos kapituliert, sollte nach einem halben Jahrhundert nicht anfangen, Bedingungen zu stellen.

Selbst wenn die Alliierten in einem wichtigen Punkt irrten: Eine «Überführung der deutschen Bevölkerung» «in ordnungsgemäßer und humaner Weise», wie es im Potsdamer Abkommen vorgesehen ist, war von den traumatisierten Osteuropäern nicht zu erwarten. Die Vorstellung, nach dem mitleidlosen Verhalten der Nationalsozialisten, nach der Ungeheuerlichkeit der Polengesetze hätte mit dem Tag der Kapitulation nachsichtige Milde und Rechtsstaatlichkeit walten können, ist lebensfremd. Sie setzt nicht nur übermenschliche Versöhnungsbereitschaft voraus, sondern verkennt, dass die schmachvollste Kriegsverletzung, die man dem Gegner antut, dessen anhaltende Demoralisierung ist. Es gibt kein Volk von Heiligen.

In überaus weiser Voraussicht hat Camus gewarnt: «Wer lange verfolgt wird, wird schuldig.» Die Wehrmacht und SS, all die Nazibediensteten haben die Polen, die Russen, die Tschechen und andere Europäer so lange verfolgt, bis deren Rachebedürfnis einen Teil von ihnen schuldig gemacht hat. Deutsche Forderungen nach Entschuldigung halte ich deshalb für unangemessen. Präsident Havel hat sich dennoch für die Exzesse entschuldigt, nicht für die Aussiedlungen an sich. Und der Germanist Frantisek Cerný, nach der Wende zehn Jahre beliebter tschechischer Botschafter in der Bundesrepublik, sagt heute: «Ich glaube, dass es eigentlich keine andere Lösung gab. Oder man hätte warten müssen, bis dieser Hass, das emotionale Feindbild abgebaut ist. Aber: Wie hätten die Deutschen dann hier leben sollen? Sie waren damals Parias, für lange Zeit, und nicht nur bei uns.»

Als Nachgeborene, die ich mich für die damaligen Ereignisse nicht verantwortlich, aber zuständig fühle, empfinde ich für mich keine andere Option, als dieses Urteil in Demut zu akzeptieren. Genauso wie ich akzeptiere, dass man über das unermessliche Leid vieler Vertriebener öffentlich reden dürfen muss. Dies geschieht seit Jahren und wird weiter geschehen in Verbänden, in der Literatur, in Filmen, in Medien, an Universitäten wie der Viadrina in Frankfurt (Oder) oder dem Willy-Brandt-Zentrum an der Universität in Wroclaw, im Haus der Deutsch-Polnischen Zusammenarbeit in Gliwice (Gleiwitz) oder der Gedenkstätte für den Kreisauer Kreis im heutigen Krzyzowa. Wenn all das als ungenügend empfunden wird, ist sicher auch ein weiterer Ort des Gedenkens und der Mahnung legitim.

Ein *Zentrum gegen Vertreibung* aber nimmt dem Vorgang von Anfang an seine Rechtmäßigkeit. Zumal man angesichts der Verquickung von Recht und Politik bis heute keine absolute Ächtung von Aussiedlungen für nötig befunden hat. Im 1998 in Rom verabschiedeten Statut des Internationalen Strafgerichtshofes werden nur solche gewaltsamen Vertreibungen als Kriegsverbrechen gebrandmarkt, die ungesetzlich sind. Für die Zukunft folgt daraus für mich nicht das Unrealistische: Vertreibungen nach Kriegen sind zu verbieten. Sondern: Völker, die nicht vertrieben werden wollen, müssen ihren Regierungen in den Arm fallen, wenn diese kriegslüstern sind.

Wir brauchen kein Zentrum gegen Vertreibung. Wir brauchen ein *Zentrum gegen Krieg*. Das den Jüngeren die Folgen von Kriegen für die Zivilbevölkerung veranschaulicht. Am Eingang als Motto eine Warnung von Bertolt Brecht von 1952: «Das Gedächtnis der Menschheit für erduldete Leiden ist erstaunlich kurz. Ihre Vorstellungskraft für kommende Leiden ist fast noch geringer.» Jede Art der oben erwähnten Kriegsleiden könnte hier einen Raum bekommen, nicht nur die, die heute noch entschädigungsrelevant sind. In diesem Kontext hätte auch das Thema *Flucht und Vertreibung* seinen Platz. Selbstverständlich wäre aller Vertriebenen zu gedenken, nicht nur der eigenen. Die kompetentesten Historiker müssten darüber wachen, dass keine Geschichtsklitterung betrieben wird. Allein der vorwurfsvolle Unterton einzig an andere Völker kommt diesem Tatbestand schon bedenklich nahe.

Von wem ist meine Familie vertrieben worden? Dem jüdischen Großvater nutzte auch die privilegierte Ehe mit der deutschen Großmutter nichts, die Breslauer demolierten das als jüdisch bekannte Geschäftshaus in der Pogromnacht, denunzierten den bis zur Unansprechbarkeit in Depression verfallenen Mann, bis er verhaftet und später auf Nimmerwiedersehen deportiert, das Geschäft zwangsarisiert wurde. Dieser Teil der Vertreibung war lange vor dem Krieg ein Meister aus Nürnberg. Die vollständige Neuordnung der «ethnographischen Karte Europas», die Hitler im Oktober 1939 verkündete, sah die Schaffung «reinrassiger Siedlungsgebiete» vor, was zweifellos nur über die Vertreibung und Liquidierung großer Bevölkerungsgruppen zu erreichen war. Wehrmacht und SS ermordeten nicht nur drei Millionen polnische Juden, sondern auch drei Millionen Polen – jeden Zehnten.

In den ersten fünf Kriegsjahren waren an die 16 Millionen Europäer von der «Umvolkung» betroffen. Erst als der Krieg sich wendete, kehrte sich der Plan der «ethnischen Entmischung» gegen die, die ihn am radikalsten vorangetrieben hatten: die Deutschen. Mitgehangen, mitgefangen galt jetzt für Nazis und Nichtnazis. Nun wurden auch die Letzten zu «Mitläufern». Meine großmütterliche Verwandtschaft ging im eisigen Januar 1945 auf den Treck – auf Geheiß von Gauleitern. Sie sollten fliehen vor der heranrückenden Rache der Rotarmisten, und keiner wagte sich zu widersetzen und den Offizieren zu sagen, sie mögen doch endlich aufhören mit diesem Krieg.

Hätte die Wehrmacht ihre aussichtslose Lage wenigstens im sonnigen Herbst 1944 durch Kapitulation eingestanden – wie viele Menschen hätten gerettet werden können? Stattdessen zeigte die eitle Parole «Sieg oder Untergang», wohin die Naziherrscher ihre Bevölkerung bereit waren zu treiben. Historiker, die Ergebnisse der deutschen Volkszählung von 1939 verrechnet haben mit allen verfügbaren Aussiedlerdaten, schätzen: Mehr als zwei Drittel der 15 Millionen Deutschen, die ihre Heimat verlassen haben, sind von ihrer eigenen Regierung in die Flucht getrieben worden. Für die Betroffenen mag der Unterschied gering sein, für die Geschichtsschreibung ist er enorm. Es bleibt zu hoffen, dass dies ein künftiges Dokumentationszentrum sehr deutlich machen wird.

Meine Großmutter musste sogar ihre 80-jährige Mutter aus dem Altersheim holen. Zunächst war ein Fahrzeug versprochen, doch das wurde bald abgezogen, die Urgroßmutter konnte nicht laufen und erfror. Indes hatte meine Tante, nach Nazibruchrechnung Halbjüdin, im Treck Breslauer erkannt, die in der Pogromnacht mitgeholfen hatten, die Synagoge «Weißer Storch» zu plündern und anzuzünden, für die der Großvater manch beachtliche Spende gegeben hatte. Und als sie gerade diese Leute so neben sich hatte, mit ihren paar Habseligkeiten auf dem Handwagen, konnte sie das Gefühl nicht unterdrücken: Das geschieht ihnen recht. Später, als die Flüchtlinge nicht etwa in Sicherheit, sondern im anglo-amerikanischen Luftangriff auf Dresden landeten, nivellierte die nackte Überlebensangst solche Verschiedenartigkeit.

Dennoch hat diese später erzählte Episode mir bewusst gemacht: Flüchtlinge und Vertriebene waren Betroffene, waren Leidtragende, aber nicht ausnahmslos *nur* Opfer. Gerade weil dies heute ein moralisch begehrter und oft leider auch ein lukrativer Titel ist, missfällt mir der nachholende, gleichmacherische Opferstatus für alle Flüchtlinge und Vertriebenen. Denn das ist meine Hauptsorge: Geht es hier wirklich nur um das Recht auf eine Klagemauer, um Verständnis und Versöhnung, oder geht es um die Zuweisung von Schuld und Unrecht Richtung Osteuropa, mit dem Ziel einer Bewusstseinsverschiebung, die schließlich auch eine Eigentumsverschiebung ermöglichen wird? «Da liegt kein Segen drauf», hätte meine Großmutter gesagt.

Der einstige polnische Botschafter in der Bundesrepublik, Janusz Reiter, bestätigte meine Befürchtung: Allein die gegenseitigen Unterstellungen in der Diskussion um das *Zentrum gegen Vertreibung* haben die Beziehungen zwischen beiden Ländern bereits schwer belastet: «Irgendwo lauert auch noch das Problem der Eigentumsansprüche, die – wenn sie gestellt werden – die Explosivität einer Atombombe haben.» Einige polnische Abgeordnete, darunter Warschaus Bürgermeister, berechneten schon mal vorsorglich, welche materiellen Schäden die Deutschen ihrem Land zugefügt haben, und kamen auf über eine Billion Dollar.

Hoffentlich lernen die polnischen und tschechischen Gesetzgeber aus den Folgen der westdeutschen Lust an Rückübertragungen von Immobilien. Mein Albtraum in diesem Zusammenhang ist, dass ich in fünf Jahren ein Schreiben folgenden Inhalts bekomme: «... teilen wir Ihnen hiermit mit, dass für den Fall der Nichtinanspruchnahme des Ihnen grundbuchlich zustehenden Eigentums die Rechte an dem Haus am Breslauer Ring an die Preußische Treuhand deutsche Ostgebiete fallen».

Ästhetik der Zuständigkeit
Nachdenken über den abwesenden Herrn G.

«Leute wie Grass haben uns und wir haben ihnen nichts zu sagen.» Selten kamen Äußerungen von Heiner Müller den Funktionären so gelegen wie dieses verfrühte Fazit über die Nachteile der Grass'schen Windhühner-Gedichte von 1956. Schon damals klang die Abwehr gegenüber einem Mann durch, der alles kann, nur nicht kalt lassen. Und sich raushalten.

Nicht gerade eingeschüchtert, sondern wohl wissend, was er zu sagen habe, fand sich Günter Grass zu seinem ersten politischen Auftritt außerhalb der Gruppe 47 im Mai 1961 beim DDR-Schriftstellerkongress in Ostberlin ein. (Der westliche Schriftstellerverband wurde neun Jahre später u. a. auf Initiative von Grass gegründet.) Mit seiner schlichten Forderung nach der *Freiheit des Wortes* war die Konfrontationslinie abgesteckt.

Wem unterstellt wird, er polarisiere, der kann getrost darauf verweisen: Nur starke Gedanken sind zu magnetischer Wirkung fähig. Günter Grass' Anziehungs- und Abstoßungsvermögen geht noch darüber hinaus – er ist nicht nur bi-, sondern multipolar. Er mischt auf. Und ein und durch. In Ost und West. Anhänger nicht nur links und Gegner nicht nur rechts, sondern beides oben und unten, vorn und hinten, offiziell und intern. Und heute so und gestern Morgen. Je nach Preislage.

Doch es gab auch verlässliche Konstanten. In der DDR-Kulturpolitik war Günter Grass zwanzig Jahre lang *die* literarische Unperson par excellence. Feststehende, kanonisierte Positionen, unter denen auch bedenkenswerte Einwände begraben wurden, bestimmten das Bild: Die Sicht des Autors sei kleinbürgerlich begrenzt, aus dieser Sphäre seien keine Impulse zur Veränderung zu erwarten, es fehle die Perspektive der sozialen Revolution und die Einsicht zum unumgänglichen Klassenkampf. Stattdessen setze er Braun gleich

Rot und mache sich damit zum literarischen Verteidiger der Konterrevolution. Das Panoptikum der Kritik hätte auch Grass «gerne am Ufer des (sozialistischen) Realismus» gesehen. Da er sich diesem Wunsch nicht beugte, wurde er verkannt, verrissen, versimpelt, verboten, verleumdet. Einladungen zu Lesungen wurden nicht genehmigt.

Was für Günter Grass nicht nur ärgerlich, sondern verletzend gewesen sein muss, das war für den neugierigen, Zwischentöne heraushörenden Leser selbstredend die beste Empfehlung. Auch in meinem Bücherregal stand, wenn sie nicht verborgt war, an zentraler Stelle die einbändige Luchterhand-Sonderausgabe der Danziger Trilogie von 1980, zerlesen, aber dadurch umso kenntlicher. Wenn nicht als Visitenkarte, so doch als Zeichen von Unordensbrüdern und -schwestern. Wahrlich ein unzureichendes Bekenntnis. Angesichts des weitgehenden Versagens der einheimischen Publizistik und Germanistik.

«Aber auch dem einzelnen Bürger in unserem Land fällt die Verantwortung zu, seinen Protest gegen die zweckdienliche Verleumdung des Schriftstellers Arnold Zweig anzumelden.» Als im September 1967 in mehreren Springer-Blättern dem bald Achtzigjährigen übelste Worte in den Mund gelegt wurden, meldete sich Westkollege Grass in der Sendung «Panorama» zu Wort. «Der Zweck aller Lügen war es, einen Konflikt zwischen Arnold Zweig und der Deutschen Demokratischen Republik, in der er nach freier Wahl lebt, zu erfinden.» Da «dieser um sich greifende Meinungsterror nicht durch die Bürger unseres Staates und also auch nicht durch mich verhindert wird», entschuldigte er sich bei Arnold Zweig und bat ihn, trotz allem die Bundesrepublik nicht mit der Springer-Presse zu verwechseln.

Wie wehrt man sich in einem Land ohne Öffentlichkeit? Der Mensch und Autor Grass hat in der DDR die Führenden nie mit den Geführten verwechselt, doch die Übergänge stuften sich in Grauwerten. Eine ihm nicht nur vertraute, sondern genehme, weil aus dem Leben gegriffene Farbe. In Zeiten abverlangter Schambekundungen und inflationierender Entschuldigungen ist heute eher eine nachholende Geste der Achtung und der Zuneigung angemessen.

Zumal der Adressat beachte Häupter und Demutsmienen wenig schätzt. Gern erzählt er dagegen, wie zu seinem 65. Geburtstag Heiner Müller vor versammelten Gästen zwischen Lachanfällen sein eingangs erwähntes Pamphlet verlas, erheitert darüber, welchen Unsinn man doch bisweilen zusammenschreibt. Ähnliches erlebte ich nach einer gemeinsamen Buchvorstellung in Paris, als der französische Lyriker, Kritiker und Übersetzer Alain Lance im Gespräch mit Grass eine charmante, selbstironische Beichte ablegte. In seiner Besprechung der französischen Ausgabe des «Tagebuchs einer Schnecke» (1974) habe er, damals KPF-Mitglied, seinen Unwillen darüber abgelassen, dass die SPD versuchte, die französischen Sozialisten davon abzubringen, mit den Kommunisten zu regieren. Er habe gegenüber dem damals als SPD-treu gescholtenen, heute aber verehrten Autor einen bissigen Ton angeschlagen unter der Überschrift: *Eine Schnecke im antikommunistischen Salat.* Die angesprochene Schnecke lachte laut auf und verwickelte den Kollegen in lange, freundschaftliche Gespräche – *und selbst auf unsre Sünden gab's Rabatt.*

Die DDR war für Günter Grass von allem Anfang an ein auch ihn betreffender politischer und literarischer Raum. In «Mein Jahrhundert» überwiegen in den wenigen Jahren, in denen die eigene Biographie zum Ereignis wird, Schauplätze aus der DDR. Darunter die Treffen zu privaten Lesungen mit Kollegen in Ostberlin. Jene bekamen Auszüge aus dem tintenfrischen Butt-Manuskript zu hören, für das sein Autor übrigens viel in der «Geschichte des Alltags des deutschen Volkes» von Jürgen Kuczynski gelesen hatte. Die geschätzte Sicht von unten, im Osten anders gepflegt.

Heimat lokalisiert Günter Grass in deutscher Geschichte und Sprache, auch Bildsprache. Im Vorwort zum Katalog einer Ausstellung von Malerei und Grafik aus der DDR in Hamburg 1982 griff er rabiat die versuchte staatliche Vereinnahmung von Kunst in Ost und

West an, verteidigte die «chronische Unerziehbarkeit der Musen», um festzustellen: «Es lässt sich gröber und genauer nicht sagen: In der DDR wird deutscher gemalt.» Weil dort die Erblast der Vergangenheit erkannt und angenommen wurde, auch kunsthistorisch. Einheit durch und nur durch Kultur. Die privaten Dichtertreffs in Ostberlin – ein gewisser Ersatz für die auseinander gefallene Gruppe 47. Doch nicht nur wegen des selbst gebackenen Blechkuchens intimer als diese; die geschlossenere Form betraf auch die hiesige Lyrik, traditionell zwischen den Zeilen und in Klopstock-Rhythmen gebunden. Schließlich betraf sie die Freundschaften, die mit dem «Palast der Tränen» untergingen. Nahe liegend seine Hinwendung zum Torso.

Nie hat Grassens *Ästhetik der Zuständigkeit* an Grenzen Halt gemacht. Schon gar nicht an der Mauer. Der erste von vielen offenen Briefen, die Günter Grass später geschrieben hat, ging einen Tag nach Mauerbau protestierend und Hilfe suchend an Anna Seghers. Ihr Buch «Das siebte Kreuz» habe ihn geformt, den Blick geschärft und die Angst mitgeteilt, «nur heißt der Kommandant des Konzentrationslagers heute nicht mehr Fahrenberg, er heißt Walter Ulbricht und steht Ihrem Staat vor». Da möchte man heute noch rufen: Kommt! kommt! Ihr wart zu rau, etwas zu rau. Stephan Hermlin hat dies damals auf seine feine, aber unmissverständliche Art getan. Widerspruch, selten genug klug und angemessen vorgetragen, respektiert Grass nicht nur, er schätzt ihn. Nicht ohne Komik («jetzt bitte lachen Sie nicht»), wie Stefan Heym Jahre später bei einem exterritorial in Brüssel geführten Gespräch mit Günter Grass daran erinnert, dass es «der Genosse Ulbricht» war, der die von Grass seit Mitte der 60er Jahre bevorzugte Idee einer deutschen Föderation zuerst eingebracht hat.

Wohl kein Datum hat das Verhältnis zwischen der DDR und Günter Grass so nachhaltig geprägt wie der 17. Juni. Die Aufstand probenden Plebejer brockten ihm jahrzehntelange Ungnade ein, von allen Seiten. Auch ich kannte vom Hörensagen so viel Abschreckendes, dass ich das Stück, um mir Enttäuschungen zu ersparen, nie vollständig gelesen hatte. Erst als zum 50. Jahrestag die freundliche Einladung zur Solo-Lesung im Berliner Ensemble kam, gab es für meine Vorurteile kein Halten mehr. Vor aus- und ausverkauftem Haus war Grassens zweistündige, sich virtuos steigernde Ein-Mann-Inszenierung ein Erlebnis. Doch nach abgewickelter Revolution wirkt ein angeblich konterrevolutionäres Stück beinahe nostalgisch. Durch die Ritzen auch schärfster Anklage lugt immer noch die rührende Hoffnung, dem gewalttätigen Dogma wäre eines Tages durch Aufklärung beizukommen. Die Rolle des Intellektuellen in diesem Scheitern aber ist aktueller denn je. Der Chef offensichtlich eine Kunstfigur, Brecht unterlegt, und wie er sich windet, den beidseitigen Vereinnahmungen zu entgehen, durchaus auch liebenswert. (Als Günter Grass später der Büchergilde Gutenberg den «Grundstock einer Arbeiterbibliothek» vorschlug, zählte zu den zwanzig Titeln auch einer von Bertolt Brecht. Nein, der Stückeschreiber Grass hat Brecht nicht das Wasser gereicht, wohl aber den Wein.) Sicher, es wäre besser gewesen, Brecht hätte seinen Part selbst geschrieben. Nur hat er es eben nicht mehr getan. Schuldbewusst ließ er uns unwissend. Der Preis für das Unschuldsbewusstsein von Grass ist, dass er uns nie unwissend lässt.

In der DDR war Totschweigen ein probateres Mittel als Rufmord. Günter Grass kam nicht mehr vor. Er ließ sich einfach nicht zuordnen. Hatte er sich eben erst unversöhnlich zum Kommunismus geäußert, distanzierte er sich schon vom Gespenst des Antikommunismus und fand das KPD-Verbot biedermeierlich. Geprägt von Orwell, Camus und Milosz' «Verführtem Denken», ist es für Grass folgerichtig, dass er nicht nur Toleranz und Zweifel als demokratische Tugenden preist, sondern auch seine eigene Fehlbarkeit durch souveränes öffentliches Eingeständnis von Irrtümern einräumt. «Weil ich mit mir selbst nicht hundertprozentig übereinstimme. Im günstigsten Fall sind es sechzig Prozent, das bröckelt am Nachmittag dann noch ab. Abends erholt es sich wieder.»

Ganz selten bleibt er harthörig. Nebensächliches Beispiel: Sicher ein Dutzend Mal beklagt er in seinen Texten die unguten Erinnerungen, die 1968 die abermalige Beteiligung deutscher Soldaten an der Okkupation der Tschechoslowakei wachrief. Schlimm genug, dass zwei Divisionen der Nationalen Volksarmee einsatzbereit an der Grenze standen. Deutsche in der Nähe von Prag? Ja, einige Offiziere, die zum Führungsstab des Warschauer Paktes gehörten und ein paar Funker. Und sie hatten wenigstens einen Koch dabei. So weit bestätigt einem das heute jeder Militärhistoriker. Aber dieser Koch, der Jahre später für Grass einen schmackhaften Hecht gebraten hat, will dabei gewesen sein, als DDR-Truppen einmarschierten. Und Köche, zumal gute, haben bei Grass Autorität.

Noch im Glauben ein Menschenfreund. Im Übrigen verunsicherte 1968 nicht nur im Osten seine Prager Lektion, die Westlinke habe eine Mitschuld an der vorläufigen Unterdrückung des tschechoslowakischen Sozialismus, der nun gerade «zu einer weltweiten Notwendigkeit» werden müsse. Immer hat er nach beiden Seiten ausgeteilt. Und damit im Grundsätzlichen erstaunlich Recht behalten. Da aber ängstlich beschlossen war, Günter Grass nicht vorkommen zu lassen, konnte man in der DDR zum eigenem Schaden auch von seiner heute beinahe prophetisch klingenden Weitsicht und Schärfe nicht profitieren. Etwa als er voraussagte, dass die unerträgliche Kluft zwischen dem im Süden bezahlten Wohlstand des Nordens bald den Ost-West-Konflikt überrollen und in ein weltweites Chaos führen wird. Oder als er 1982 angesichts einer Reise zu den Sandinisten, die sich erlaubt hatten, den von den USA ausgebildeten, finanzierten und aufgerüsteten tausendfachen Mörder Somoza zu stürzen und deshalb jetzt von Amerika boykottiert wurden, erklärte: «Erst in Nicaragua wurde mir bis zum Schamgefühl deutlich, mit wem ich als Deutscher verbündet zu sein habe. Soweit es einer einzelnen Person möglich ist, will ich für mich dieses Bündnis aufkündigen: weil es seinen Auftrag, die westlichen Demokratien zu schützen, schon lange nicht mehr erfüllt; weil dieses Bündnis dem Zwang unterliegt, die Verbrechen der verbündeten Großmacht stillschweigend zu tolerieren oder gar gutzuheißen; weil von dieser Großmacht wie von der anderen, entgegengesetzten, nur noch Aggressionen ausgehen.»

Hinter den Kulissen versuchten Schriftstellerkollegen, Herausgeber, Literaturwissenschaftler und selbst Mitarbeiter des Kulturministeriums, einen Durchbruch in der blockierenden Kulturabteilung des ZK zu erreichen. Das gelang erst, als einerseits bei Günter Grass die Radikalisierung der Kritik am eigenen System nicht mehr zu übersehen war und sein Einsatz für Friedenspolitik respektiert wurde und andererseits die DDR auf dem Wege des Wandels durch Annäherung ihre Klassenkampfrhetorik zurücknahm. 1984 dann endlich hatte das «Katz und Maus»-Spiel ein Ende, indem es erschien. Weiteres folgte, aber das Misstrauen auch.

Als das Berliner Ensemble 1989, im langen Sommer der Agonie, versuchte, den Blechtrommler zu einer Lesung einzuladen, lehnten die Berliner Behörden (unter Schabowski) dies mit der dämlichen Begründung ab, das Theater sei nicht bespielbar, weil der Kronleuchter herabzustürzen drohe. Glaubten sie immer noch, es sei Grass, der Oskar, der den Lüster DDR schreiend zerbersten lassen würde?

Germanistikstudenten der Humboldt-Universität erinnern sich, dass die Lehrmeinung über Günter Grass ab Mitte der 80er Jahre wohlwollend war. 1990, im «kurzen Sommer der Anarchie» vor dem 3. Oktober, unterbreitete der damalige Dekan der Germanistik, Frank Hörnigk, im Fachbereichsrat den als Zeichen der Wiedermutmachung gemeinten Vorschlag, Günter Grass zum Ehrendoktor der Humboldt-Universität zu ernennen. Doch zu seiner Bestürzung fand er dafür selbst unter ehemals parteilosen Ostprofessoren keine Mehrheit. Diese beriefen sich auf eine noch nicht ausreichend legalistische Situation, um nicht sagen zu müssen, dass Grass ihnen zu links sei. Als die Germanistikstellen vier Jahre später neu besetzt worden waren – mehrheitlich von Westkollegen und darunter von nicht wenigen Altachtundsechzigern –, wiederholte Hörnigk seinen Vorschlag, um abermals abgewiesen zu werden, diesmal natürlich ganz und gar legalistisch. Denn die meinungsführenden Westprofessoren hatten nunmehr ausschließlich ästhetische Einwände, um nicht sagen zu müssen, dass Grass ihnen zu links sei.

(Ironie am Rande, von der Grass nichts weiß: Diesen Vorgang im Freundeskreis reflektierend, wurde auf Anregung des Generalsekretärs des Ost-P.E.N. beschlossen, zu den vielen Anträgen an das Nobelpreis-Komitee zum Kandidaten Grass einen nachdrücklichen vom Ost-P.E.N. hinzuzufügen. Darin wurde schließlich argumentiert, die Auszeichnung von Günter Grass, dem bedeutenden Repräsentanten der Moderne, habe vor Ablauf des 20. Jahrhunderts unaufschiebbare Dringlichkeit bekommen. Es wird nicht stimmen, aber wer will beweisen, dass diese Überlegung keinen Einfluss hatte?)

Auf Siegers Seite lebten wir, behütet und getrennt, bis uns die Einheit schlug, die keine Gnade kennt. Im Juni 1990 hatte Grass gedroht: «Wenn aber die Einigung Deutschlands mit Hinrichtungen eingeleitet werden soll, wird sie sich ohne Schriftsteller vollziehen müssen.» Als zuerst Christa Wolf «auf den Richtplatz gezerrt» wurde, war ihm klar, es sollte nicht nur ihr an den Kragen gehen, sondern, ohne Rücksicht auf «kulturelle Identität», auch einem «gut Teil der DDR-Literatur». Grass verteidigte später auch seinen Verleger Hans Marquardt, er bedauerte Hermann Kants Austritt aus dem P.E.N., und klagte schließlich an: «Mein Freund Stephan Hermlin wurde wie Freiwild gehetzt.»

Er war so empört über die «auf bloßer Besitznahme fußende deutsche Einheit», dass er selbst Willy Brandt von der Verantwortung für «das bevorstehende Desaster» nicht ausnahm. In einem Gespräch mit der von ihm verehrten Regine Hildebrandt vertrat Günter Grass im Februar 1993 die Ansicht, der Einigungsvertrag müsse in wesentlichen Punkten, wie dem der Eigentumsregelung, revidiert werden. Doch Regine Hildebrandt wollte an den von ihr «Horror» genannten Vertrag nicht mehr rühren.

Zu der Zeit begann ich, Fakt für Fakt niederschreibend, Legenden zu widerlegen, unter anderem jene, die SPD habe wacker für bessere Konditionen gekämpft, dafür aber keine Mehrheiten gefunden. Die Protokolle der Parlamentsdebatten belegen: Stolz waren sie alle (Ausnahme: Lafontaine), besonders aber die Ost-SPD, in dieser historischen Stunde ja sagen zu dürfen. Durch ihre Mehrheit im Bundesrat hatten sie zu allen Gesetzen das letzte Wort. Günter Grass machte sich Tagebuch-Notizen für Essays und zum «Weiten Feld», diesem literarischen Lastenausgleich. Ohne es zu wissen, schrieben wir uns näher.

Er: Die Treuhand betreibt Veruntreuung im äußersten Maße – die westdeutsche Spielart von Vandalismus. *Ich:* Privare heißt Rauben. *Er:* Die flächendeckende Enteignung zugunsten des Westens – ein Gaunerstück, das Beifall findet. *Ich:* Das Tempo der Privatisierung darf dem Tempo der Desillusionierung nicht hinterherhinken. *Er:* Jedwedem dritten Weg wird das Wegerecht verweigert. *Ich:* Die Leute wollten das Kapital und wählten die Kapitulation. *Er:* Demokratie bedeutet unter anderem: selber schuld sein.

Bei so viel Gleichklang war es kein Zufall, dass wir Gehör füreinander fanden. Zunächst im P.E.N., wo es auch um eine Art Einigungsvertrag ging. Günter Grass initiierte eine erste Gesprächsrunde im Literaturhaus am Wannsee, wenigstens unter Literaten soll kein Argument ungehört bleiben. Doch die Wogen schlagen hoch – Beschuldigungen, Unverträglichkeiten, Austritte, Übertritte. Bei der Jahrestagung sagt Grass vor laufender Kamera: Ich setz mich zu meinen Freunden aus dem Osten. Setzt sich nicht nur, kümmert sich kollegial: um Nachdrucke zu wenig beachteter Bücher, um Rechtsmittel gegen scharfe Richter in der Springer-Presse. Manche fragen, ob die Querelen lohnen, doch nach aufreibenden Jahren ist der P.E.N. vielleicht die einzige deutsche Organisation, die sich gleichberechtigt, ohne Ausschlüsse, halb Ost-, halb Weststatut, vereinigt. Günter Grass hat seinen Anteil.

Anlässe für gemeinsame Aktionen rissen nicht ab. Ende 1996 unterzeichnen wir beide die Erfurter Erklärung, in der nicht nur eine neue Regierung, sondern auch eine neue Politik gefordert wird, die ihre «Verantwortung für die soziale Demokratie» wahrnimmt. Als dreißig Jahre zuvor 25 bundesdeutsche Autoren, darunter Grass, ihr «Plädoyer für eine neue Regierung» veröffentlichten, waren sie durch Ludwig Erhard als Pinscher geadelt worden. Diesmal ließ sich auch Helmut Kohl nicht lumpen, der die Erstunterzeichner als «intellektuelle Anstifter» und «Hassprediger» beschimpfte, die sich «auf der Straße des Verrats zusammenrotten». Erstmalig erscheinen Texte von uns zwischen denselben Buchdeckeln: «Eigentum verpflichtet.»

Zum zweiten Mal geschieht dies, als der von Egon Bahr ins Leben gerufene Willy-Brandt-Kreis ein Buch unter dem bescheidenen Titel «Zur Lage der Nation» herausgibt. Ein Gesprächskreis, in dem Brücken gebaut werden, von West nach Ost, von sozialdemokratisch nach demokratiesozialistisch. Was die verpfuschte Einheit betrifft, sind sich alle einig, außenpolitisch nicht immer. Mit seiner Zustimmung zum Krieg im Kosovo steht Günter Grass plötzlich allein gegen den Kreis. Erst als deutlicher wird, dass auch in diesem Fall das mediale Vorkriegsszenario weitgehend von Übertreibungen und Lügen geprägt war, räumt er ein, man habe nur die Wahl zwischen zwei Fehlern gehabt, um schließlich eine «Gemeinsamkeit im Zweifel» anzubieten.

Beim dritten Mal geht die Idee vom Anstifter Grass aus, der sich Verbündete schafft, indem er sie in Aufgaben verwickelt, in Pläne einbezieht. Einer Anregung von Pierre Bourdieu folgend, will er Verarmung und Vereinzelung aus dem Schatten deutscher Wohlstandskulissen ins Licht rücken. Als gesamtdeutsches Unternehmen gedacht, holt er sich als Mitherausgeber Johano Strasser aus München und mich aus Ostberlin. Damit stiftet er zwei Jahre intensiver, an- und aufregender gemeinsamer Tätigkeit an. Konzeptionen beraten, fünfzig Autoren und Fotografen einladen, sichten, verwerfen. Herausgeber Grass ist mehr als Stichwortgeber, er krempelt die Ärmel hoch, eine Begegnung in Arbeitskleidung, auf Augenhöhe. Das fertige Buch «In einem reichen Land» ist im Wortsinn schwerwiegend. Da wir die Ursachen für die soziale Schieflage in der selbstzerstörerischen Logik des nunmehr alleinherrschenden kapitalistischen Systems sehen, in dem nur überlebt, wer Gemeinsinn durch Profitsucht ersetzt, müssen wir uns nicht wundern, wenn die Angesprochenen sich den von uns vorgehaltenen Spiegel nicht an die Wand hängen. Aber was bleibt unsereinem, als den Spiegel immer wieder zu putzen und erneut vorzuhalten?

Wenn Günter Grass gelegentlich für sich Bilanz zieht, bleibt, was den politischen Gewinn betrifft, im Gegensatz zum literarischen, «nur wenig unter dem Strich». Es häuft sich die Erfahrung, ins Leere gesprochen zu haben, ein Reden ohne Echo. Im Übermut räumt er sogar ein, es sei ein Fehler gewesen, 1982 in die SPD eingetreten zu sein, in der Hoffnung, es könne sich dort mehr als Pragmatismus entwickeln. Seit der Asyldebatte wieder Nichtmitglied, fühle er sich weiterhin als Sozialdemokrat, nein, genauer: «Ich versteh mich als demokratischer Sozialist.» Er hält es für zweckmäßig, das traditionelle linke Vokabular in zeitgemäßer Bedeutung zu bewahren, und scheut sich nicht, Begriffe wie *Klassengesellschaft* oder *Ausbeutung* zur Beschreibung globaler Vorgänge zu nutzen.

Die Schar seiner Leser schreckt das nicht. Erst unlängst wieder, zur Eröffnung des Grass-Hauses in Lübeck, war der Andrang enorm. Lange vor Einlass hatten sich die Schaulustigen angestellt, strömten schließlich in die Ausstellung von Zeichnungen, Radierungen und Skulpturen, drängten zur Signierstunde. Aus der zwei wurden. Bis Grass abbrach und in sein unter dem Dach liegendes Büro flüchtete. Dort warteten schon ein paar Freunde am derben Holztisch beim Wein. Man scherzte und frotzelte, eine Tonart, die Grass schätzt, wenn man sie trifft. Es dämmerte schon, als ich ans Fenster trat und sah, dass dort unten auf der Straße die lange Schlange der Bewunderer nicht abgerissen war. In meinem Vergleichsrepertoire vielleicht immer noch nicht weltläufig genug, entfährt mir: «Das ist ja wie vor dem Lenin-Mausoleum.» Grass empört sich vital – ich weiß ja, wenn er etwas verabscheut, dann den Kult um den Konstrukteur der zentralistischen Parteidiktatur. «Na warte!», sagt er.

Ich warte. Bald hebt er das Glas, beschließt, den Fauxpas mit Humor zu tragen. Als er aufbrechen will, steht die Schlange immer noch. Wie vorbeikommen, ohne in weitere Gespräche und Autogrammwünsche verwickelt zu werden? Grass nimmt die Pfeife aus dem Mund und spurtet an den Wartenden vorbei – die lachen.

Das Einzige, wovor Günter Grass zuweilen ausreißt, ist sein Ruhm. Das sei ihm gegönnt.

Gegen den Strich trösten
Dem Schriftsteller Heinz Knobloch zum Gedenken

Anfang Juni 2003 hatte Heinz Knobloch einen letzten großen Auftritt im Festsaal des Berliner Roten Rathauses. Die Ankündigung einer «Lesung aus seinen Werken» hatte viele Besucher angelockt. Langsam, aber zielstrebig steuerte er auf das Podium zu, und als er sich zum applaudierenden Publikum umwandte, hatte sein Anblick etwas ungewohnt Verwegenes. Doch gleich beruhigte er uns, sein eines, blau unterlaufenes Auge sei nicht seiner Frau zuzuschreiben, sondern einem Sturz am selbigen Morgen, und er bat um Nachsicht mit seinem eingeschränkten Sehvermögen.

Doch anderthalb Stunden kein einziger Versprecher. Mit der gewohnten Selbstironie und gut gelaunt unterhielt er seine Zuhörer so, wie man ihn kannte: erzählend, lesend, deklamierend. Unterbrochen nur von Beifall und Lachern. Er begann mit seinem letzten Buch: «Das Lächeln der Wochenpost». Geschichten aus jener Zeitung, die nach dem 17. Juni gegründet wurde, als es plötzlich nicht nur mehr Wurst und Ölsardinen, sondern auch mehr Unterhaltung und Erbauung geben sollte. Dass die *Wochenpost* zum erfolgreichsten Blatt der DDR wurde, bei einer Auflage von über einer Million nur unterm Ladentisch zu haben war, daran hatte Heinz Knobloch, vom ersten Tag an dabei, maßgeblichen Anteil. Sein wöchentliches Feuilleton «Mit beiden Augen» hatte viele Anhänger. Er verteidigte es gegen das in DDR-Medien übliche kleinliche Hineinreden, oft mit mehr, mitunter mit weniger Erfolg. Erst als 1988 das Tausendste erschienen war, sagte er: Nun ist Schluss.

Schließlich sollte auch das fünfzigste Buch geschrieben werden. Dass dies keine Frage von Quantität war, bestätigten vor und nach der Lesung noch einmal die respektvollen Wortmeldungen von Vertretern aus beiden Teilen der Stadt, von Freunden und Lesern. Mit seinem «Herr Moses in Berlin» und «Meine liebste Mathilde» hat sich Heinz Knobloch gerade auch im Westen viele Sympathisanten erworben. Er ließ sich nicht lange bitten, noch drei, vier Kostproben als Zugabe zu geben, sagte dann aber entschlossen: Nun ist Schluss.

Die Nachricht von seinem Tod erreichte mich im Juli in der Nähe der Ostsee. Die vielen signierten Bücher, die Briefe und Zeitungsausschnitte – alles zu Hause in Berlin. Zurückgeworfen auf die eigene Erinnerung an den frühen Mentor und langjährigen Kollegen: Der Meister hielt in Leipzig Vorlesungen und Seminare zum Fach: Feuilleton. Allein das Wort war ursprünglich in der DDR unerwünscht, es galt als bürgerlich, oberflächlich. Aber das hat unseren Gastlehrer nur insofern gekümmert, als er das klassische literarische Feuilleton als eigenständiges Genre der Kurzprosa wiederbeleben wollte, wie es von Auburtin, Kerr, Kraus, Polgar, Franzos und Tucholsky gepflegt wurde. Diese «halbverbogene Brücke» zwischen Prosagedicht und Zeitungsaufsatz. Damals erfuhr ich etwas über Kopf- und Handwerk: Wie ein Stoff seine Überraschungen erst nach genauster, ja penibler Recherche preisgibt, was Zwischentöne sind und wie man in Deutschland mit Ironie umgeht, wie antithetische Gedankenführung ein «heiteres Darüberstehen» erleichtert, wie Pointen platziert und aus unbekannter Nähe Sensationen gewonnen werden.

Alle Studenten sollten schließlich ein solches Feuilleton zustande bringen. Knobloch drohte nicht mit schlechten Noten, sondern mit Abdruck der besten Texte in seiner Zeitung. Er sparte nicht mit Ermutigung, Nachwuchs für *sein* Genre zu fördern. Zögerlich schickte ich ihm weitere Textchen. Die prompt mit vielen roten Korrekturen zurückkamen. Schließlich lud der Chef-Feuilletonist sechs junge Talente zu einer «individuellen Betreuung». Der Schriftstellerverband ließ in seinem Heim in Petzow «länger dienende Autoren auf kleine Gruppen des literarischen Nachwuchses einwirken». So oder ähnlich spottete er im Vorwort der Feuilleton-Anthologie «Schattensprünge», die 1975 das Ergebnis seiner Einwirkungen war.

Nun wäre es doch gut, in einigen Büchern zu blättern, genau zu zitieren. Die nächste Bibliothek ist weit. Die Ärztin im Dorf besitzt vier Knobloch-Bücher. Sie ruft die Lehrerin an, den einstigen Brigadier der LPG, Patienten. Ältere Leute kommen mit dem Fahrrad und reichen Bücher durchs offene Fenster, andere schicken ihre Kinder, die mit dem Auto vorfahren und hupen, Tüten hinterlassen. Sie alle wollen, dass ihr Kno einen schönen Nachruf bekommt. Nach wenigen Stunden breite ich neun Bände vor mir aus.

Oft ist es erst die 4. oder 5. Auflage, die ergattert wurde. Ich stoße auf Widmungen zum Geburtstag oder Weihnachten. Auf Unterstreichungen, Randbemerkungen: «Fritz (Unleserlich) hat erzählt, er habe Rosa Luxemburg erschossen?» «Wo hat (Unleserlichs) Vater in Berlin gewohnt?» Knobloch hat seine Leser zum Mitdenken und Weiterrecherchieren animiert.

«Ich schreibe nur, was ich will, was mir Spaß macht. Auch für Spaß muss man bezahlen. Die Währung heißt manchmal Kompromiss, manchmal Gesundheit, manchmal Schweigen, manchmal Geld, manchmal Spaß.» Und von dem, was so entstand, seien 97,77 Prozent gedruckt worden, schrieb er 1988. Zu den 2,23 Prozent, die erst später veröffentlicht wurden, gehört die mir sehr liebe, bereits 1962 verfasste Erzählung: «Neun Tage vor meiner ersten Nierenkolik». Darin schildert der unschwer als junger Redakteur Knobloch erkennbare Icherzähler sehr persönlich und sensibel seine Scham- und Schuldgefühle, als er einen Monat nach dem Mauerbau mit anderen Kollegen den Auftrag erledigte, die Bewohner eines Hauses in der Bernauer Straße in eine andere Wohnung zwangsumzuziehen.

«Ich sah auf meine Uhr und bemühte mich, den Sekundenzeiger zu erkennen. Er eilte ungerührt vorwärts, und ich bemerkte erstaunt, dass er mir nichts sagte, denn bloß die Uhr gehört mir, die Zeit nicht.»

Redlich gewappnet, musste sich Knobloch nach der Wende nicht wenden. Er blieb sich treu – mir schien, er habe das zuvor begonnene Kapitel einfach weiterschreiben können. Die neuen Spielräume und Leser freuten ihn. Aber er war nicht nur der heitere Wahlverwandte von Schwejk. Er war auch bekümmert, ärgerlich, gelegentlich sarkastisch. Die feindliche Übernahme der *Wochenpost* durch die *Wo-*

che hat ihn geschmerzt. Die Nachfrage für die kleine, geschliffene Form ließ zu seinem Verdruss wieder nach, in der Zeitschrift *Ossietzky*, Nachfolgerin der *Weltbühne*, fand er ein kleines Refugium. Auf einem der Redaktionstreffen begriff ich im Gespräch, wie sehr ihn der Verlust seines engsten Freundes quälte, des wegen lapidarer IM-Vorwürfe an den öffentlichen Pranger gestellten und so in den Selbstmord getriebenen Schriftstellers Jürgen Borchert.

Der Dresdner Berlin-Spezialist Heinz Knobloch hat die Stadt, die ganze, geliebt und liebenswert gemacht. Aber gerade deshalb sah er sie auch kritisch. In einem Interview zu seinem 70. Geburtstag sagte er der *Berlinischen Monatsschrift*: «Berlin ist zurzeit eine Stadt mit einer Zwei-Klassen-Gesellschaft, in der Leute für die gleiche Arbeit unterschiedlich bezahlt werden, von der Strafrente ganz zu schweigen. Das wird wohl noch zwei Generationen dauern. Bis wir Letzten, die noch etwas von der DDR wissen, weggestorben sind.»

Gegen den Strich trösten. Mögen all die, die Heinz Knobloch in seinen literarischen Spaziergängen zu so vielen Grabsteinen geführt hat, den Weg zu ihm und seinen Büchern für künftige Generationen kenntlich halten.

Ein gütiges Geschick
Halb offener Geburtstagsbrief an Christa Wolf

«Älter werden heißt: Alles geschieht, was du niemals für möglich gehalten hättest», sagst du. Wer aber deine Bücher kennt, wer dich kennt, weiß doch: Es gibt kaum etwas, das du nicht für möglich hältst. Was wohl könnte dich überraschen? Am ehesten noch ganz unerwartete, aber unbestreitbare Tatsachen. Spektakuläre, aber auch lapidare – etwa wenn ich sage: «Nun kennen wir uns schon vierzig Jahre.»

Und zwar ziemlich genau auf den Monat. So lange ist es her, dass du meinen Klassenraum betreten hast. Ich war damals Schülerin der 8. Klasse der Weinbergschule unseres gemeinsamen Wohnortes Kleinmachnow. Dass eine weit über unseren Horizont hinaus berühmte Künstlerin die Jugendstunde besuchen würde, war etwas Außergewöhnliches. Zur Vorbereitung auf die Begegnung hatte unsere Deutschlehrerin empfohlen, den «Geteilten Himmel» zu lesen. Wie viel ich damals davon verstanden habe, kann ich nicht mehr sagen. Etwas unheimlich schien, wie die Autorin gleichzeitig hoch gelobt und angegriffen werden konnte – Begriffe wie *dekadent* und *nationale Frage* waren durch den Ort gegeistert, ohne von mir wirklich gedeutet werden zu können.

Zweifellos sehr erwachsen wird sie mir vorgekommen sein, diese *Frau* Wolf mit ihren 35 Jahren, schön und bewundernswert. Vorgestellt von unserem *Fräulein* Carpus, die doppelt so alt wirkte, klein, etwas verwachsen, die dünnen grauen Haare zu einem Dutt gesteckt, an der linken Hand drei steife Finger. Auch solch unverheirateten Wesen den Titel «Frau» zuzuerkennen war damals noch nicht üblich. Selbst dann nicht, wenn sie all das, was das Leben ihr vorenthalten hatte, durch eine Sensibilität für Kunst und Kenntnis von Literatur kompensierte, die sie gegenüber allen anderen Grundschullehrern auszeichnete. Ihr verdanke ich erste kritische und ermutigende Anmerkungen zu meinen ungelenken, aber mit Enthusiasmus geschriebenen Aufsätzen. Und vor allem war es ihre Idee, dich eingeladen zu haben. Weil du unsere Jugendweihrede halten solltest und deshalb noch einige Fragen an uns hättest.

Zu dem wenigen, woran ich mich genau erinnere, gehört deine Frage, was wir denn werden wollten. Die Schüler antworteten der Reihe nach, und nicht wenige retteten sich in die Auskunft, es noch nicht recht zu wissen. Ich wollte damals entweder Pferdezüchterin oder Filmregisseurin werden. Zur Pferdezucht schienst du eine eher abwartende Haltung zu haben, während du zu meinem zweiten Angebot sagtest: Ach, da staune ich aber, denn das ist doch für Frauen ein sehr schwerer Beruf. Wer weiß – vielleicht habe ich in diesem Moment beschlossen, mich einer für Frauen und Fräuleins ganz einfachen Tätigkeit zuzuwenden: dem Schreiben.

Dann wolltest du noch wissen, wer denn für uns Vorbilder seien. Wie ich dem für verschollen gehaltenen und erst jetzt in deinem Vorlass im Archiv der Akademie der Künste aufgetauchten Redemanuskript entnehme, haben die meisten «normale, gut arbeitende Menschen» genannt. Ich glaube mich zu erinnern, Anne Frank erwähnt zu haben. Die Lektüre des Tagebuchs des mir gleichaltrigen Mädchens hatte mich gerade erschüttert. Ihr als Strohhalm aufrechterhaltener «Glaube an das Gute im Menschen» schien mir durch ihr Ende auf bedrückende Weise widerlegt.

Einige Jungs nannten wohl Gagarin, dessen Heldentat noch frisch war. Vielleicht deshalb zitiertest du uns in deiner späteren Festrede Brechts Kinderlied vom Schneider von Ulm. Wir sollten uns von den Kleinmütigen, Bequemen, Stumpfen nicht einschüchtern lassen: Der Mensch kann fliegen. «Von Natur ist er schlecht» – das sollten wir uns gar nicht erst einreden lassen, sondern jenen misstrauen, die uns den Glauben an uns selbst nehmen wollten. Aber auch jenen, die behaupteten, alles sei kinderleicht, das Paradies auf Erden sei ausgebrochen. Du fordertest unsere Lust heraus, «wirkliche Widerstände zu überwinden». Wir würden noch genug Gelegenheiten haben, unseren Mut, unsere Standhaftigkeit, unsere Klugheit, «aber auch Güte und Freundlichkeit» auszuprobieren. «An den Eigenschaften, die eine Gesellschaft braucht und in ihren Mitgliedern hervorbringt, kann man sie gut erkennen.» Klang das damals zuversichtlich oder warnend?

Schneller als uns allen lieb sein konnte, erhielten wir Anschauungsunterricht. Ein reichliches Jahr später, während einer lebhaften Diskussion mit Schülern nach der Aufführung des «Geteilten Himmel» in den Kleinmachnower Kammerspielen, muss die Idee eines Literaturzirkels entstanden sein. An meiner Schule am Weinberg, deren Oberstufe zugegebenermaßen eine Mathematik-Spezialschule war, sprach sich herum, dass Christa und Gerhard Wolf mit allen Interessenten bei sich zu Hause über neue Bücher, Autoren und das Schreiben reden würden. Wie viele mochte so ein Angebot reizen?

Wir waren fünf, höchstens sechs. Sehr gemütlich, bei Tee und Keksen. Nachträglich frage ich mich, weshalb ihr euch in einer Zeit, in der du mit den Folgen deiner mutigen Rede auf dem 11. Plenum zu kämpfen hattest und an Christa T. schriebst, auch noch die Mühe mit uns aufgeladen habt. Gut zwei Jahre lang, in denen wir regelmäßig kamen. Es muss eine Mischung aus Neugier und pädagogischer Sorge gewesen sein. Hattest du doch in jener legendären Rede im Dezember 1965 über die Jugend gesagt: «Sie wird entideologisiert, entpolitisiert, wir schmeißen ihr den Beat an den Kopf, anstatt sie mit geistigen Problemen so voll zu stopfen, dass sie gar nicht anders kann, als nachzudenken, wozu sie lebt, wozu sie hier lebt; denn sie weiß es nicht.»

Entpolitisiert war ich ganz sicher nicht. Hatte ich doch gerade erleben müssen, wie unsere Theatertruppe, die unter der Leitung der Schauspielerin Irene Korb ein Gegenwartsstück auf die Laienbühne bringen wollte, in dem es um Ehrlichkeit und Zivilcourage ging, nach dem 11. Plenum die Proben einstellen musste. So gelang es mir, schon mit fünfzehn Jahren Od11 zu werden. Diese Verballhornung von OdF bedeutete keinerlei Missachtung der Opfer des Faschismus, im Gegenteil. Od11 – darin klang für mich nicht nur Bitternis, sondern auch Heiterkeit und Triumph. Man hatte einen

Nerv getroffen, einen Puls gefühlt. Eine nicht mehr auszulöschende Erfahrung, die nach Wiederholung drängte. Wir werden darüber gesprochen haben. Sträflich, dass ich mir von unseren Zirkelnachmittagen nicht eine Zeile Notizen gemacht habe. All meine Tagebuchanfänge endeten nach wenigen Wochen, weil ich es nicht fertig brachte, die Zeit für die Dokumentation gelebten Lebens dem ungelebten zu entziehen. Eine für das Schreiben wohl ziemlich untaugliche Mentalität.

Fest steht: Zuerst habt ihr uns im Zirkel den «Ausflug der toten Mädchen» lesen und diskutieren lassen – wahrscheinlich, weil du gerade an einem Anna-Seghers-Essay arbeitetest. Wir hatten nichts dagegen, ließen aber durchblicken, dass wir eigentlich andere Ambitionen hätten. Achim wollte ungedruckte sowjetische Lyrik hören. Ich wünschte mehr über Kafka, der gerade erschienen war, oder Freud und Camus zu erfahren, die gerade nicht erschienen waren. Und Aribert fragte, was wir ein für alle Mal geklärt haben wollten: ob denn nun der soeben von Robbe-Grillet erfundene Nouveau Roman besser sei als der alte Roman. Später las ich die Antwort nach, im Essay «Lesen und Schreiben».

Doch zuvor kam der Frühling 1968, der Prager. Da lagen bei den Oberen die Nerven blank, und es fiel nicht schwer, mal wieder einen zu treffen. Ich gehörte zu einem Grüppchen von Abiturienten, die heimlich eine überdimensionale Wandzeitung für die Schule gefertigt hatten. Zitate von Dubček, Togliatti und Ernst Fischer: «Wir brauchen eine Opposition innerhalb der Partei.» Mit unseren Namen gezeichnet. Darunter auch der deiner Tochter Annette, die damals in der 10. Klasse war. Die Wirkung war von schwer erträglicher Heftigkeit. Nach der Wende ist ein Film darüber gedreht worden – ich fasse mich kurz. Ein Problem war, dass man beim Bezirksschulrat und seinen Mannen argwöhnte, diese Haltung könne nicht dem Unterricht angelastet werden, sondern müsse von den Eltern vermittelt worden sein. Wie sollten wir beweisen, dass wir uns jeden Rat verbeten hätten? Dass ihr ahnungslos wart? Die Sympathie der Intellektuellen für die Vorgänge in Prag wurde sowieso misstrauisch beobachtet. Du hattest immer noch keine Druckgenehmigung für das längst abgeschlossene Manuskript «Christa T.» – jede zusätzliche Verdächtigung kam ungelegen. Dennoch habt ihr uns verteidigt. Wie lange war es her, dass du uns in feierlicher Rede zu Mut und Standfestigkeit ermahnt hattest? Wer kann wissen, wo Prägungen ansetzen oder verstärkt werden und wann sie rückkoppeln und Lebensfäden sich verhakeln?

Von da an verloren wir uns jedenfalls nicht mehr aus den Augen. Was nicht selbstverständlich ist, bei dem Gefälle von Können, Prominenz und Jahren. Wir sahen uns. Aus Gründen. Und ohne. Sofern Anhänglichkeit als solcher nicht zählt. Begünstigend kam hinzu, dass ich bald nach dem Studium in Begleitung eines Lyrikers bei euch erschien, den Gerhard als Lektor seit längerem unter seinen Fittichen hatte. So schlossen sich Kreise. Von Freunden. Wir sahen sie kommen. Und einige gehen. Wir haben viele Feste gefeiert. Und haben Abschiede genommen. Wie oft ihr umgezogen seid. Ich erlebte euch in drei Wohnungen und drei Häusern. Die heute erwachsenen Enkel kannte ich alle als Baby. In einem halb offenen Geburtstagsbrief sollte man nicht sentimental werden. Aber selbst wenn die Grenze des Sagbaren eingehalten wird, kann ich doch existenzielle Bilder nicht abdrängen.

Wie diesen glühend heißen 11. Juli in Mecklenburg. Wohin wir euch nachgezogen waren, nur einen Hohlweg entfernt. Zehn Jahre hattet ihr an dem alten Fachwerkhaus mit Rohrdach gebaut – gerade war es fertig. Da ging es in Flammen auf. Ich sah dich neben dem nackten Schornstein und den letzten qualmenden Eichenbalken stehen, die Hoffnung auf weitere, unbeschwerte Sommerstücke in Asche versunken. Als ich schluchzend in deinen Armen lag, warst du es, die tröstete: «Ja, ja, mein Mädchen, wir leben ja alle!» Und etwas später: «Es sollte nicht sein, es war zu schön … Das war immer unser Albtraum – und nun haben wir ihn nicht mehr.» An dem Abend hab sogar ich Tagebuch geführt: Tand, Tand, ist das Gebilde von Menschenhand.

Oder in gleicher Landschaft ein paar Jahre später, mein Besuch bei dir in der Klinik, als es dich *leibhaftig* erwischt hatte. Nie zuvor und nie danach musste ich als Besucherin weiße Gummischuhe, grünen Leinenkittel und -mütze anziehen und einige Meter Abstand halten. Das Gespräch lief schleppender als sonst, wattig. Nachträglich begriff ich dabei mit zeitlupigem Schreck, dass es wieder einmal knapp gewesen war.

Oder ein ganz gegenteiliges Bild: Wie ich auf dem Weg von einer Untersuchung in der Charité zum S-Bahnhof Friedrichstraße den Wunsch nicht unterdrücken konnte, bei dir zu klingeln und dir als Allererster dieses eben von mir aufgenommene, mich so anrührende Ultraschall-Bildchen zu zeigen. Auf dem ein kaum zehn Zentimeter großer, dunkler Schatten mit gekrümmtem Rücken und angewinkelten Beinchen zu erkennen war. Jene Technik war damals ziemlich neu, und selbst die Ärztin war noch begeistert: «Da schwimmt es und fühlt sich wohl.» Du freutest dich mit mir, weiß ich doch, für solche Neuigkeiten bist du empfänglich.

Einige Monate später luden dich psychosomatisch orientierte Gynäkologen zu einer Tagung über die Wechselwirkung von Psyche und Frauenleiden und baten dich, einige Kolleginnen mitzubringen, weil sie sich von Schriftstellerinnen eine größere Offenheit versprachen. Daran ließen wir es nicht fehlen. Meinen Notizen entnehme ich, dass du die Ansicht vertratst, Frauen, geprägt durch die Jahrhunderte, seien zwar nicht die besseren Menschen, aber doch die weniger angepassten, die subversiveren, emotionaleren und damit auch schwerer berechenbaren. Letztlich hätten sie aber nur die Wahl zwischen zwei Übeln: Entweder sie nehmen die wahnsinnigen männlichen Normen an oder sie steigen in die Mutterrolle aus. Worauf ich ergänzte: Die Männer haben also nur die Wahl zwischen einem Übel. Mit solchen Sprüchen konnten wir die Herren Ärzte ganz schön gegen uns aufbringen.

Auf dem Rückweg (du bestandest darauf, mich Hochschwangere nach Hause zu fahren) sprachen wir über den Wiener Staatspreis, den du am Vorabend bekommen hattest. Du gabst zu, dich über so etwas nicht mehr freuen zu können, warst sehr von dem Gefühl der

Vergeblichkeit erfüllt. Dir wiederum bliebe nur die Wahl zwischen der Unlust zu schreiben und der Unzufriedenheit, nicht geschrieben zu haben. Die Tagung fandest du immerhin wohltuend, auch wenn wir das diffuse Gefühl nicht loswurden, irgendetwas habe gestört. Die Frage, was es gewesen sein könnte, beschäftigte uns so, dass wir die Autobahnabfahrt verpassten. Erst als wir nach mehreren Schleifen wieder in die Spur kamen, wurde uns klar: Es waren die Gynäkologen. So entstand die Idee, sich künftig einmal im Monat ohne sie zu treffen. Um in einem geschützten Raum, in dem man sich aufeinander ganz unbedingt verlassen kann, aus Manuskripten zu lesen und gegen die Vergeblichkeit anzureden. Ganz ohne Öffentlichkeit. Die Vertrautheit unserer *Weiberrunde* bewährt sich nun seit neunzehn Jahren, und das wird zu dem gehören, was bleibt.

Die Wende war für uns eine so intensive Zeit, dass Stichpunkte genügen, um Erinnerung zu beleben: Die erste Protestresolution von Künstlern, die zu formulieren ich unsere Weiberrunde anstiften konnte und die du am 14. September im Schriftstellerverband vortrugst, forderte, sofort einen demokratischen Dialog über die nicht ausgetragenen Widersprüche im Lande zu beginnen. Daraus folgte die siebenstündige Mammutveranstaltung von siebzig prominenten Schriftstellern und Künstlern «Wider den Schlaf der Vernunft» vor Tausenden Besuchern in und vor der Erlöserkirche am 28. Oktober, auf der ich gemeinsam mit Jürgen Rennert die Auftritte unserer Kollegen moderieren durfte, die nie zuvor und nie danach für ein gemeinsames Ziel auf einer Bühne standen: Du zusammen mit Heiner Müller, Elke Erb, Günter de Bruyn, Stefan Heym, Ulrich Plenzdorf, Volker Braun, Helga Schubert, Christoph Hein, Stephan Hermlin, Joochen Laabs, Helga Königsdorf, Wolfgang Kohlhaase und vielen anderen. Die von dir an diesem Abend geforderte Unabhängige Untersuchungskommission wurde für uns dann eineinhalb Jahre zu einer Schule der Basisdemokratie. Leider hielt die Nachfrage nach dieser Befähigung nur in jener Umbruchzeit an und verebbte rasch wieder in der «vorrückenden Restauration».

Als du dann im Sommer 1990 «auf den Richtplatz gezerrt» wurdest, war bald klar, dass es in dieser Anklage nicht in erster Linie um Vergangenes oder Bücher ging, sondern um das, was die *FAZ* die «geistige Souveränität der anderen Republik» nannte, um deinen und unseren Versuch, umwälzende Erneuerungen durchzusetzen und gleichzeitig Eigenständiges zu bewahren. «Die Kapitalisierung der ganzen Welt» sei nicht das Ende der Geschichte, befand Volker Braun damals, aber doch «die Vertagung einer großen Hoffnung». Die Frage sei, ob es nicht etwas Moderneres gäbe als den Zirkus der Parteien, eine Demokratie, die Lösungen für alle wolle.

In dem fast zweistündigen Filmportrait «Zeitschleifen», das du mich unmittelbar vor dem Ende der DDR über dich drehen ließest, in einer Stimmung, in der du niemandem sonst ein Interview gabst, sagtest du: «Ich trauere dem Alten überhaupt nicht nach, aber den Widerstandskulturen, die es sehr selten in Deutschland gab. Diesem Weg zu einem kritischen Bewusstsein.» Zukunft werde nun nicht mehr in die Gegenwart geschoben, sondern wieder zurückgedrängt. Diese Zeitverzögerung machte dir Angst. Was jetzt zu tun sei, müsse aus der Praxis kommen – du seist auf der Suche, dafür neue Hoffnungsträger zu finden, gerade auch unter jungen Leuten.

Einige Zeit später wurde *ich* gebeten, auf einer Jugendweihe zu sprechen. Gern hätte ich mir in deiner Rede Anregung geholt, aber sie war unauffindbar, auch in meiner Erinnerung. So hielt ich es für angebracht zu sagen: «Mischt euch ein, sagt, was euch nicht gefällt und wie ihr es haben wollt. Zweifelt lieber einmal mehr als zu wenig. Vieles, vielleicht sogar das meiste, ist noch nicht zu Ende gedacht. Folgt im Zweifelsfall eurem Gewissen, nicht der Vorschrift. Sagt nicht: Ich musste doch, sondern fühlt euch selbst verantwortlich. Eine der wichtigsten Lehren aus dem Untergang der DDR ist wohl, dass es immer auf Zivilcourage ankommt. Lasst euch nicht einreden, ihr würdet nicht gebraucht. Wir brauchen euch dringend, um diesen Planeten menschlicher zu gestalten. Wir brauchen die ganz großen Ideen für alle Kontinente, und wir brauchen die ganz kleinen für gleich nebenan. Traut euch das zu.»

Jetzt, da deine Rede wieder aufgetaucht ist, bin ich erfreut über den Gleichklang, aber auch irritiert über unsere pathetische Zuversicht, das Subjekt stärken zu können. Auch du beschworst uns, uns in öffentliche Angelegenheiten zu mischen, sich nicht zurückzuziehen in ein sehr enges, kleines Glück, das immer bedroht ist. Glück sei die Möglichkeit, schöpferisch tätig zu sein. «Wir sagen nicht zu euch: Heuchelt! Bescheidet euch! Wir sagen: Seid unzufrieden. Verändert, was euch nicht gefällt. Es gibt überhaupt nichts, was euch nichts angeht, nichts, worüber ihr euch nicht ein Urteil bilden müsstet, nichts, was nicht von euch abhinge.»

Haben wir zu viel verlangt und versprochen? Damals und heute? Sind wir einigermaßen gedeckt durch das Maß an gelebter, eigener Wahrheit? In jenen Zeitschleifen gabst du mir, leicht abgewandelt, ein Goethe-Gedicht mit auf den Weg. Weder bescheidener geworden noch anspruchsvoller, nur lebenserfahrener:

Ich weiß, daß mir nichts angehört
Als der Gedanke, der ungestört
Aus meiner Seele will fließen,
Und jeder günstige Augenblick,
Den mich ein gütiges Geschick
Von Grund aus läßt genießen.

Diesen Augenblick nicht zu versäumen, das hängt nun wirklich, wieder und wieder, nur von uns ab.

Plädoyer für die Paradiesschlange

Die Bibel als *das* Buch der Weltliteratur – das ist keine Glaubensfrage. Dieses Buch erweist sich über die Jahrhunderte bis heute unbestritten als *die* Fundgrube von Menschheitsgeschichte, in dem alle großen, immer wiederkehrenden Konflikte bereits beschrieben werden: Geschichten von Macht und Gehorsam, von Mut und Demut, von großer Liebe und kleiner Rache, von eigennützigen Intrigen und uneigennützigen Opfern, von katastrophalen Strafen und beglückenden Belohnungen. Diese aus Einzelbüchern in 1000 Jahren Überlieferung geformten und beim Redigieren zuweilen sicher auch verformten Geschichten an ihrer historischen Authentizität zu messen ist müßig. Sie aber nach ihrer dramaturgischen Glaubwürdigkeit zu befragen, gängige Deutungen zu bezweifeln ist eine Annäherung, die Dichtung sich wünscht.

Da ich die Bibel eben nicht als Gotteswort lese, sondern als mehr oder weniger prophetisches Menschenwort, sehe ich, wie Gott das archaische menschliche Ringen um moralische Werte und Orientierungen auferlegt wird. Sie formten ihn nach ihrem Bilde. So wurde er beteiligt an den Zweifeln darüber, ob die Schöpfung nicht doch ein missglücktes Experiment, gar eine Fehlkonstruktion ist. Das Austoben von Enttäuschung, das den Menschen in größerem Umfang vorerst versagt blieb, wird dem Herrn großzügig eingeräumt. Mit seinem sintflutlichen Genozid hätte Gott heute vor dem Gerichtshof für Menschenrechte keine guten Karten. Auch wenn er versprach, so etwas nie wieder zu tun – gerade im Alten Testament ist der Herr oft alles andere als ein *lieber* Gott. Es war ein dorniger Weg, bis Gott zum Humanisten wurde. Ein Humanist, dem dennoch der Wille oder die Allmacht abgeht, die Menschen aus Verblendung und Bosheit zu befreien. Nur selten gelingt es Autoren, ihre Helden durch Doppelwertigkeit klüger zu machen, als sie selbst sind. Solche Sternstunden der Dichtung erheben die Bibel zur Heiligen Schrift.

Die für mich großartigste aller Geschichten, der so genannte Sündenfall, eröffnet gleich im ersten Buch Mose alle Rätsel und alle Weisheit. «Lasst uns Menschen machen, ein Bild, das uns gleich sei.» Neigt Gott in seiner Einsamkeit zu Selbstgesprächen? Ob nun im Pluralis majestatis oder Pluralis modestiae angesprochen, es müssen Wesen sein, die die Urteilskraft haben, aus einem Bild Analogien ableiten und daraus Menschen formen zu können. «Ein Bild, das uns gleicht» kann demnach nur ein vernunftbegabtes Wesen meinen. Doch diese Begabung wird dem Menschen im Garten Eden durch das Erkenntnisverbot nicht abverlangt. Warum stattet der Schöpfer den Menschen mit Verstand aus, geeignet, Gut und Böse zu unterscheiden, wenn diese (aus Lehm und Lebensodem nicht eben nebenbei zu kreierende) Fähigkeit verkümmern soll?

Gehorsam ist keine menschliche Tugend. Dressur gelingt auch bei Tieren. Warum flößt Gott Eva Neugier ein, wo doch Neuigkeiten im Garten Eden nicht zu erwarten sind? Ist das ein paradiesischer Zustand? GEHÖRT ZUR VOLLKOMMENHEIT NICHT DER ZWEIFEL? Ohne Wissen kein Gewissen. Was war des Allmächtigen ursprüngliches Menschenbild?

Spätestens jetzt bekommt die Schlange ihren Auftritt, wird sie unentbehrlich. Die Schlange, das auserwählte Tier in der Schöpfungsgeschichte. Werden die anderen Kreaturen im Paradies nur als «Vieh, Gewürm und allerlei gefiedertes Gevögel, ein jegliches nach seiner Art» beschrieben, so ist die Schlange nicht nach ihrer Art. Sie «war listiger denn alle Tiere auf dem Felde, die Gott, der Herr, gemacht hatte». Und sie konnte sprechen. Ihr Verhalten ist nach Menschen Art, und da die Menschen nach dem Bilde Gottes sind, ist sie auch ein wenig nach Gottes Art. Sie ist überaus wortgewaltig. Mit einer einzigen, ketzerischen Frage und einem einzigen, weissagenden Satz gelingt es ihr, die zögerliche Eva von ihrer Logik zu überzeugen. Die Logik der Schlange wird zu Evas Logik? Nein, die Logik der Schlange lässt Eva ihre eigene Logik des Zweifels erkennen. Erst im Moment des Ungehorsams ist die Menschwerdung vollendet.

Gott schickt die Schlange, um den letzten, befreienden wie riskanten Schritt dem menschlichen Willen zu überlassen. Er ist auf den wahrscheinlichen Ausgang der Entscheidung vorbereitet. Längst hat er vorsorglich neben dem kleinen Garten Eden eine große, unwirtliche Welt geschaffen. Jenseits paradiesischer Widerspruchslosigkeit. Rau, aber empfänglich für den Pflug der Zivilisation, voller Plage, aber verbesserbar durch eines der größten Vergnügungen der menschlichen Rasse, das Denken.

Rein dramaturgisch gesehen macht die Geschichte nur Sinn, wenn ihr Verlauf von Anfang bis Ende genau so vorgesehen war. Doch es wäre keine biblische Geschichte, keine Urgeschichte, wenn nicht Fragen und Rätsel blieben. Warum hat Gott die Menschen bis zum Betreten der wirklichen Welt diesen schlängelnden Umweg nehmen lassen? War er in seiner Einsamkeit unersättlich an Liebesbeweisen, erwiesen durch Gehorsam? Ist es richtig, den prophetischen Bibelschreibern vorzuwerfen, sie hätten Gott eine gewisse Disziplinierungslust unterstellt, um den irdischen Herrschern verängstigte, also gefügige Untertanen zu bescheren?

Gerade bei dieser Annahme kann man der Schlange für ihren ketzerischen Urton nicht dankbar genug sein. Sie war die erste Aufrührerin, die erste Lehrmeisterin der Revolte, die bekanntlich eine der wesentlichen Dimensionen des Menschen ist. Sie war wissend genug, dafür keine Belohnung zu erwarten. Im Gegenteil, sie kennt den Preis. Die veröffentlichte Meinung macht sie zum Symbol für Sünde und Laster, zeichnet sie als vom Teufel beauftragt, als Gottlose. In illustrierten Barockbibeln findet sich das Golgatakreuz als Baum der Erkenntnis mit aufgenagelter Schlange – christusgleich.

Als Gott fragt, warum sein Gebot, nicht von den der Frucht jenes einen Baumes zu essen, missachtet wurde, lernt er seine Schöpfung kennen: Adam denunziert Eva, Eva denunziert die Schlange: «Die Schlange betrog mich also, dass ich aß.» Doch die Schlange hatte nicht betrogen. Ihre Zusage, wonach der Genuss der Frucht mitnichten tödlich sei, sondern die Augen öffne, um hernach Gut und Böse unterscheiden zu können, war eingetroffen. Sie sagte die Wahrheit und nichts als die Wahrheit, so wahr ihr Gott geholfen hatte. Wollte die Schlange darauf aufmerksam machen, müsste sie nun wiederum Gott denunzieren. Doch sie kommt aus gutem Hause. Die Wortgewaltige schweigt in Erwartung des gewaltigeren Wortes. Dies war die erste Lektion in «Ästhetik des Widerstandes».

Gottes Fluch über die Schlange fällt dann auch halbherzig aus, er scheint eher einer inneren Regieanweisung zu folgen als einem Bedürfnis. «Auf deinem Bauch sollst du kriechen und Erde fressen dein Leben lang.» Auf ihrem Bauch war sie sowieso gegangen, und niemand verwehrte ihr, zwischen der Erde die saftigsten Happen zu suchen, ihr Leben lang.

Doch die weitere Strafandrohung verwirrt: «Und ich will Feindschaft setzen, zwischen dir und dem Weibe.» Feindschaft zwischen Eva und ihrem zweiten, weiseren Ich? Ist die Schlange nicht auf unzähligen Tafelbildern mit Frauenkopf und langen Locken dargestellt worden, als Sinnbild weiblicher Verführung? Dass sie sich ringelt, gilt als Symbol der Zeit, Jahresringe, das ewig Weibliche. Doch waren da nicht auch einige Abbildungen mit beinahe kopflosen, herausfordernd aufgerichteten Schlangen? Galt die Schlange nicht viel später als eigentliches Phallus-Symbol? Feindschaft zwischen dir und dem Weibe?

Gibt es dafür eine Entsprechung in der Eva zugedachten Strafe? «Du sollst mit Schmerzen Kinder gebären» und «dein Mann soll dein Herr sein» – diese Verwünschungen sind leicht als Gemeinheiten erkennbar. Doch «dein Verlangen soll nach deinem Manne sein» – wo ist da die Drohung? Kann ein Verlangen nicht erst zum Fluch werden, wenn es nie befriedigt, eine Sehnsucht, wenn sie nie gestillt wird? Doch schon haben wir uns von der Schlange in Abgründe führen lassen – zurück zum Sündenfall. Und seinen offenen Fragen.

«Siehe, Adam ist geworden als unsereiner und weiß, was gut und böse ist», sagt Gott am Ende stolz zu seinem fiktiven Gegenüber.

Patriarchisch, wie er nun mal ist, hat er überhört, dass es Eva war, die zuerst Lust hatte, klug zu werden. Die Schlange weiß in dem Moment mehr als ihr Schöpfer. Ihr verdanken wir die Fähigkeit, *warum* fragen zu können. Warum ist der Mensch durch eine Sünde vollkommener geworden? Kann denn Emanzipation Sünde sein? Wäre es nicht vielmehr sündig gewesen, diese Chance träge auszuschlagen?

Dann hätte es nie Menschen gegeben wie diesen Hiob. Der es wagt, Gott zum Dialog herauszufordern: «Lass mich wissen, warum du mit mir haderst.» Gott wagt nicht zuzugeben, dass er Hiob einer schrulligen Wette wegen ohne Ursache ins Verderben gestürzt hat. Wegen eines unterhaltsamen, auch rechthaberischen Kräftemessens mit dem Teufel. Gottes Sündenfall. Der uns vertraut vorkommt. Siehe, Gott ist fehlbar, also menschlich. Hiob durchschaut ihn: «Bin ich gerecht, so darf ich doch mein Haupt nicht aufheben. Und wenn ich es hebe, so jagest du mich wie ein Löwe … Du bist mir verwandelt in einen Grausamen.» Der Allmächtige weiß, dass er ungerecht ist, und flüchtet in Autoritätsbeweise: «Wer ist des Regens Vater? … Wer kann die Wasserschläuche am Himmel ausschütten?» So wie diese Geschichte aufgeschrieben ist, kommt der unvoreingenommene Leser nicht umhin, Hiob als den moralischen und intellektuellen Sieger des argumentativen Schlagabtauschs zu empfinden. Klerikale Dogmatiker hätten Hiob deshalb gern der Bibel verwiesen. Die Schlange wird sie vor Wut darüber in die Ferse gebissen haben.

Doch gerade der Umstand, dass der Mensch mit Hilfe der Schlange in seiner Urteilskraft gottgleich geworden ist, wirft erst das eigentliche Rätsel auf: Warum entscheiden sich Wesen, die zwischen Gut und Böse unterscheiden können, nicht ein für alle Mal für das Gute? Weil das Gute und das Böse nicht feststehen, wie steinharte Marmorsäulen, sondern im Sturm der Interessen schwankende Herrschaftskategorien sind? Weil es überhaupt nicht zwei getrennte Säulen sind, sondern zwei Kammern, vereint in einem Herzen? Weil, wer sich anmaßt, gottgleich das Gute an sich zu sein, nur verbirgt, dass das Böse in ihm der Tarnung bedarf? Und die Leute sind so frei, darauf hereinzufallen. Vielleicht glauben wir nur, unterscheiden zu können. Vielleicht unterscheiden wir zu oft zu unseren Gunsten. Also zuungunsten der anderen. Vielleicht sind wir deshalb so wenig friedfertig.

Im Judentum gilt Versöhnung als Rückkehr ins Paradies. An keinen Ort gebunden. Denn der Garten Eden wird inzwischen verwildert sein. Damit der unvollkommene Mensch nicht auch vom Baum des ewigen Lebens esse, «ließ ihn Gott der Herr aus dem Garten Eden, dass er das Feld baute». Er ließ ihn gehen, so wie man einen Eingesperrten gehen lässt. Dann ging er selber auch. Der Garten ist leer. Bewacht von den Cherubim mit dem bloßen Schwert. Das Paradies als Investruine der Utopie?

Die Sehnsucht kann niemand vertreiben. Das ist nicht zu unterschätzen. Die Schlange hat das Risiko, zertreten zu werden, auf sich genommen und das Paradies ebenfalls verlassen. Sie hat sich nicht davon abbringen lassen, an allen Drehpunkten der Heiligen Schrift, die subversiver Dynamik bedürfen, anwesend zu sein.

Statt eines Nachwortes
Aus der Laudatio von **Jorge Semprun**
zur Verleihung des Ludwig-Börne-Preises

Es ist mir eine Freude und eine nicht minder große Ehre, als Preisrichter ausgewählt zu sein. Eine Freude deshalb, weil dies Amt mir die Möglichkeit gibt, Daniela Dahn den Börne-Preis zu verleihen, einer Frau, die diesen Preis meines Erachtens verdient, ohne dass darüber lange diskutiert werden muss. Und das Besondere dieses ungewöhnlichen Preises besteht ja eben darin, dass es keine anderen Jury-Mitglieder gibt, die man überzeugen muss: Meine Entscheidung, meine Wahl genügt. Die Gründe für meine Wahl möchte ich Ihnen indes gleich näher darlegen.

Es war in einer Zeit, die sehr lange her ist, dass ich – damals ein noch jugendlicher Student der deutschen Philosophie – auf die Schriften Ludwig Börnes stieß. Und ich will Ihnen nicht verschweigen, obwohl das heutzutage unpassend anmutet, wenn es nicht gleich gar politisch unkorrekt ist, dass ich dies Friedrich Engels verdanke. Der nämlich hat sich in seinen gesammelten Briefen und Artikeln der Jahre 1839 bis 1844 – als er also, wie sich leicht nachrechnen lässt, in der ersten Hälfte seiner zwanziger Jahre stand – sehr oft auf Börne bezogen.

Aber Friedrich Engels verleihen wir den Börne-Preis heute nicht. Das wäre im Übrigen eine chronologische Absurdität. Und also werde ich mich nicht bei Engels' Bedeutung aufhalten und auch nicht davon handeln, welch große Bedeutung Engels dem Publizisten Ludwig Börne in der politischen und kulturellen Geschichte des deutschen Liberalismus zumaß.

Ein paar Zitate sind gleichwohl nötig:

Im Januar 1841 publizierte Engels unter dem Pseudonym F. Oswald einen Artikel im «Telegraph für Deutschland». Darin heißt es: «Schon vor dieser Welterschütterung», die Rede ist von der Julirevolution, «arbeiteten zwei Männer im stillen an der Entwickelung des deutschen Geistes, welche vorzugsweise die moderne genannt wird, zwei Männer, die sich im Leben selbst beinahe ignoriert und deren gegenseitige Ergänzung erst nach ihrem Tode erkannt werden sollte, Börne und Hegel. Der Mann der politischen Praxis ist Börne, und dass er diesen Beruf vollkommen ausfüllte, das ist seine historische Stellung. Er trat an die Deutschen mit den Worten des Cid: ‹Lengua sin manos, como osas hablar?› (Zunge ohne Hände, was erkühnst du dich zu sprechen?) Die Herrlichkeit der Tat ist von keinem so geschildert wie von Börne. Alles ist Leben, alles Kraft an ihm.»

So Friedrich Engels – man könnte mühelos mehr als ein Dutzend solcher Passagen anführen. Eine weitere will ich Ihnen vortragen, um noch ein anderes Licht auf Börnes Œuvre zu werfen: Im Oktober 1839 beendete Engels einen Brief an Wilhelm Graeber mit den Worten: «Am liebsten möchte ich, du könntest Börnes ‹Menzel, der Franzosenfresser› bekommen. Dieses Werk ist ohne Zweifel das beste, was wir in deutscher Prosa haben, sowohl was Stil als Kraft und Reichtum der Gedanken betrifft; es ist herrlich: wer es nicht kennt, der glaubt nicht, dass unsre Sprache solch eine Kraft besitze.»

(...)

Die Aktualität Ludwig Börnes und – um diesen schillernden Begriff ins Spiel zu bringen – seine Modernität: Sie entspringen nicht nur seinem literarischen Stil, seiner Sprache, die mal unvergleichlich nuanciert ist und dann wieder ganz schroff, je nachdem, ob er seine Zeit analysierte oder gegen sie polemisierte. Diese Aktualität und Modernität ergeben sich aus einer existenziellen Haltung, sie sind gleichsam Begleitphänomene von Börnes Lebensmethode: Die bestand in der entschlossenen Respektlosigkeit, in der kreativen, Kraft spendenden Respektlosigkeit gegenüber jeglichem Konformismus. In den «Briefen aus Paris» schrieb Börne über den Zeitgenossen in Weimar: «Seit ich fühle, habe ich Goethe gehasst, seit ich denke, weiß ich warum.»

«Die Neigung zum vorsichtig umschreibenden Understatement kann man also Börne schwerlich vorwerfen», schließt Reich-Ranicki, «er dachte nicht daran, die Bäume im Wald zu verstecken.»

Diese Sätze, erinnern die Sie nicht an etwas? Mich erinnern sie unmittelbar an einige Zeilen, die Daniela Dahn geschrieben hat. Sie erinnern mich an eine Rede, die Daniela Dahn im Oktober 2003 in Ingolstadt anlässlich des Jahrestages der deutschen Einheit hielt. Da sagte sie:

«Wer nicht versucht hat, sich einzumischen, soll nicht behaupten, es ginge nicht. Sich schreibend einzumischen heißt stören. Wer zufrieden ist, schreibt nicht. Schreiben heißt abweichen und rebellieren, attackieren und ironisieren. Schriftsteller sind nicht dazu da, Harmoniebedürfnisse zu erfüllen. Sie müssen auch keine Hoffnungen machen und Lösungen anbieten. Dafür haben wir ja Politiker. Schriftsteller sollten auf ihre Art das Problembewusstsein schärfen und die Sensibilität der Menschen füreinander wachhalten. Nur wer so gezielt zuspitzt, dass er einen empfindlichen Nerv trifft, wird überhaupt gehört. Und muss dann selbst mit Angriffen rechnen.»

Mit diesen Sätzen, viele sind es nicht, aber ich könnte viele andere zitieren, hat Daniela Dahn sich – ganz unpathetisch, aber mit Nachdruck – zu einer deutschen Tradition bekannt, hat sie sich als eine Repräsentantin der deutschen Modernität erwiesen. Ich rede von der Tradition des kritischen Denkens, der demokratischen Vernunft.

Seiner demokratischen Vernunft hatte Ludwig Börne es zuzuschreiben, dass er unbequem war. Was er schrieb, gefiel den deutschen Obrigkeiten nicht, die ein Auge darauf hatten, dass die Dinge, die veröffentlicht wurden, nicht allzu sehr abwichen von ihrer eigenen Sicht auf die Welt. Damals nannte man das Zensur. In Deutschland gibt es heute keine Zensur mehr, de jure jedenfalls gibt es sie nicht mehr. Dafür gibt es mächtige Verlagshäuser, die mit der Macht ihrer Zeitungen und ihrer finanziellen Mittel daran arbeiten, dass möglichst nichts gesagt werde, was ihrer Sicht auf die Welt widerspricht.

Zu Börnes Zeiten blieb den Publizisten, die sich unbeliebt machten, wenig anderes als der Weg ins Ausland. Heutzutage, da die Dinge besser stehen, können die Autoren, die sich unbeliebt machen, zu

Hause bleiben, sie müssen aber damit fertig werden, diffamiert zu werden. Daniela Dahn kann ein Lied davon singen. Machtlos sind die Autoren nach wie vor, auch wenn heutzutage nicht mehr die Obrigkeit, sondern große Verlagshäuser den Goliath abgeben, der sie in Schach hält. Wenige Mittel gibt es, die dagegen helfen. Eines von ihnen ist ein renommierter Preis. So ein Preis kann, wenn er den oder vielmehr die Richtige erreicht, zur Schleuder werden, mit der die Autorin sich wehren kann. So ein Preis kann der Tradition des kritischen Denkens zu einem kleinen Sieg verhelfen.

Wir veranstalten hier kein Seminar über die Geschichte der politischen Kultur in Deutschland. Einige Grundlinien dieser Tradition des kritischen Denkens will ich trotzdem erwähnen. (...) Für die Dinge, um die es mir hier geht, sind Jaspers' kritische Beobachtungen über die soziale Wirklichkeit in der Bundesrepublik und die Zukunft Deutschlands besonders wichtig. Ich denke an ein Buch, das sein eigenes Programm im Titel führt: «Provokationen», eine Sammlung von Gesprächen und Interviews. Ein Beitrag darin, aus dem Jahr 1960, trägt die Überschrift «Freiheit und Wiedervereinigung», ein anderer, von 1966, heißt «Wohin treibt die Bundesrepublik?»

In dieser Tradition des kritischen Denkens, der Zivilcourage steht auch Daniela Dahn, stehen auch ihre engagierte Beschäftigung mit den politischen und sozialen Verhältnissen der deutschen Gegenwart und ihre beharrliche Ausdauer bei der Suche danach, was die Wahrheit ist. Was Engels über Börne schrieb, sage ich jetzt von Daniela Dahn: Die Herrlichkeit der Tat ist von keinem so geschildert wie von Dahn. Alles ist Leben, alles Kraft an ihr.

Gewiss, zwischen Börne und Daniela Dahn liegen die Umbrüche und Umwälzungen von mehr als anderthalb Jahrhunderten: die historischen und politischen Verhältnisse in Deutschland haben sich radikal gewandelt. Oberflächlich und reduktionistisch wäre es, die Schriften Börnes und Daniela Dahns mittels derselben Kriterien zu betrachten. Zu Börnes Zeit stand die Frage nach der nationalen Identität der Deutschen auf der Tagesordnung. Es ging um die Frage, wie das Land auf anderem Wege als dem des Despotismus, und sei er noch so aufgeklärt, zu nationaler Einheit gelangen könne.

In der Epoche Husserls und Benjamins stand ganz oben auf der Agenda die Frage, wie die demokratische Vernunft bewahrt werden konnte, der letzte und einzige Posten gegen den Zerstörungszug der rassistischen und imperialistischen Ideologie des Nazismus, welcher der deutschen Nation geblieben war.

In unserer Zeit, in der Daniela Dahns passioniertes Engagement sich entfaltet und dabei in seinem Bestreben Gesinnungsethik und Verantwortungsethik zu vereinbaren weiß, steht die Frage nach einer radikalen Neuordnung – radikal also bis zu den Wurzeln der Zivilgesellschaft – auf der Tagesordnung, die Frage nach der radikalen Neuordnung der Demokratie im vereinigten Deutschland.

1986, drei Jahre vor der Wende, habe ich in meiner Rede anlässlich der Römerberggespräche Folgendes gesagt – erlauben Sie mir, dass ich eine Spur Egozentrik an den Tag lege, indem ich mich selbst kurz zitiere: «Die deutsche Wiedervereinigung ist in jeder Hinsicht notwendig und ist gleichzeitig undenkbar, wenn sich der historische Hintergrund nicht radikal ändert: das Verhältnis der Kräfte der Demokratie und des Totalitarismus. Die deutsche Wiedervereinigung kann nur das Ergebnis eines gewaltigen Fortschritts der Demokratie in Europa sein.» Diese Demokratisierung: Sie fand 1989 statt.

Unmöglich wäre es, und ist im Übrigen auch unnötig, jetzt auf die komplexen Zusammenhänge einzugehen, die zu diesem demokratischen Aufbruch führten, und noch einmal die durchaus widersprüchlichen Konstellationen des historischen Prozesses darzustellen, die ihn möglich machten. Aber wenn die bekannte Analyse dieses Prozesses der Demokratisierung richtig ist, dann kommt man nicht umhin, die entscheidende Rolle anzuerkennen, die dabei die Bürgerbewegungen der DDR gespielt haben.

Dank der Bürger jener Republik ist damals eine der schönsten Seiten im Buch der Geschichte der europäischen Völker geschrieben worden. «Wir sind das Volk», «wir sind ein Volk»: In dem historischen Raum zwischen diesen beiden Parolen der demonstrierenden Massen entwickelte sich die – von einer Mehrheit erwünschte – Verknüpfung des demokratischen Aufbruchs mit der Einigung der beiden deutschen Staaten. Es ist kein Zufall, dass einige der überzeugendsten, und im Übrigen auch das Gefühl besonders ansprechenden Texte Daniela Dahns aus dieser – bei allen Gefahren, die damals drohten – erfüllten, glücklichen Umbruchszeit stammen oder sich auf sie beziehen. Wer niemals erlebt hat, wie ein Volk, das seine Souveränität endlich zurückerlangt hat, sich in Bewegung setzt, der weiß nichts von dem Glück, zu leben!

Wenngleich die Zeitumstände seit Börnes Epoche andere geworden sind, haben er und Daniela Dahn doch eines gemeinsam, was sie auch mit den anderen Autoren, die ich erwähnt habe, teilen, und mit weiteren, die man nennen müsste, wenn man schildern wollte, welche Bedeutung die Tradition der Kritik für das heutige Deutschland hat.

Diese Gemeinsamkeit, die Ludwig Börne und Daniela Dahn trotz der Verschiedenartigkeit ihrer historischen Lebenskontexte verbindet, ist eine Sorge – dem Wesen nach ist sie bei beiden identisch, vielfältig sind nur die Formen, in denen sie artikuliert wird. Es ist die Sorge um Deutschland, und dahinter verbirgt sich die Sehnsucht, dass dies Land in dem Sinn zur Welt gehören möge, als es an der Universalität der demokratischen Werte teilhat.

Daniela Dahn behandelt diese Frage – manchmal unausgesprochen, manchmal ganz direkt –, indem sie sich um allgemein gültige und dabei doch politisch nuancierte Antworten bemüht, die sie auf der Basis des Antifaschismus entwickelt. Einer der Essays in ihrem Buch «Westwärts und nicht vergessen. Vom Unbehagen in der Einheit» – vielleicht das mir liebste ihrer Bücher, aber das ist meine persönliche Meinung: Bilden Sie sich Ihre eigene, verehrte Zuhörer: Lesen Sie sie alle! – einer der Essays in «Westwärts und nicht vergessen» heißt denn auch: «Die Banalität des Guten. Mein Unbehagen als Antifaschistin».

Ich weiß sehr wohl, dass viele tugendhafte Geister heutzutage der Meinung sind, der Antifaschismus sei sowohl in der Theorie als auch in der Praxis obsolet. Das ist es, im besten Falle, was sie denken. Im schlimmsten Fall sehen und erwähnen diese tugendhaften Kritiker nur die Instrumentalisierung, der die antifaschistischen Bewegungen der dreißiger Jahre anheim fielen, als die kommunistische Internationale und die sowjetische Außenpolitik der Stalinzeit sich ihrer bemächtigten.

Diese Instrumentalisierung hat stattgefunden, niemand wird das bestreiten. Aber sie fand nicht in allen Ländern auf die gleiche Art und Weise statt. Sie funktionierte unterschiedlich und hatte unterschiedliche Konsequenzen, je nachdem, von welchem Land wir reden und von welchem historischen Moment.

Im Europa der 30er Jahre entsprach der Antifaschismus den Bedürfnissen der Massen ebenso wie denen der mittleren Schichten. Der Umstand, dass eine soziale und politische Haltung, eben die des Antifaschismus, von der stalinistischen Führung der UdSSR instrumentalisiert wurde, widerlegt nicht die historische Sinnhaftigkeit dieser Haltung.

In den kommunistischen Parteien der westeuropäischen Länder hat der praktische Antifaschismus, obgleich er instrumentalisiert wurde, obgleich die Kehrtwende der sowjetischen Politik und der Hitler-Stalin-Pakt ihn 1939 abrupt unterbrachen, übrigens weitreichende Folgen gehabt: Er gehörte zum theoretischen und praktischen Gepäck der militanten Aktivisten und bewirkte eine ideologische Öffnung, eine Öffnung zur Welt, die schließlich – was auf den ersten Blick paradox erscheinen mag – die demokratische Eruption der 50er Jahre motivierte, die dabei half, das Ende des Stalinismus herbeizuführen.

In der DDR hingegen war der Antifaschismus nicht nur Staatsideologie, er war nicht bloß ein Instrument der taktischen Erwägungen der UdSSR und des politischen Schleuderkurses in Moskau sowie des Wunsches der Ulbricht und Honecker, den Bürgern Westdeutschlands ein anderes, besseres Deutschland vorzuführen.

In der DDR war der Antifaschismus nolens volens auch ein Frage der Kultur und der Erziehung, ein objektiver sittlicher Bildungsprozess, der im Jahr 1989 damit endete, dass die so Erzogenen sich gegen die erstarrten und versteinerten bürokratischen Strukturen des real existierenden Sozialismus wandten.

Aber Daniela Dahn erklärt uns das alles viel besser, als ich es hier könnte. Sie erklärt uns nicht nur, warum wir die archaische Vision des Antifaschismus hinter uns lassen müssen. Sie zeigt auch, wie eine Erneuerung und Aufhebung seiner klassischen Ausprägung aussehen könnte. Sie bestünde darin, in globalem Maßstab eine demokratische und zugleich radikale Antwort auf die Herausforderungen zu finden, die sich aus den Strategien des Neokonservatismus und Ultra-Liberalismus ergeben, die in den Gestalten der Kamarilla von George W. Bush zu einer hoffentlich nur vorläufigen, aber äußerst unheilvollen Inkarnation gefunden haben.

Heute, an diesem 6. Juni, da man dankbar und auch mit innerer Bewegung der amerikanischen Truppen der Dritten Armee unter General Patton gedenkt, die an der Küste der Normandie landeten und ein knappes Jahr später, am 11. April 1945, das KZ Buchenwald befreiten, muss man auch daran denken, dass keiner dieser Soldaten, kein einziger dieser Kämpfer für die Freiheit sich hätte vorstellen können, dass die Welt sechzig Jahre später die schrecklichen Fotos der Folterungen im Irak vor Augen haben würde.

Wir für unser Teil, wir müssen die Hemiplegie vermeiden, die halbseitige Lähmung unseres Gehirns und unserer Seelen, ob es nun die rechte oder die linke Seite sei. Wir müssen es fertig bringen, beides nicht aus den Augen zu verlieren: die Kraft, mit der die amerikanischen Truppen im Jahr 1944 Europa befreien halfen, und die Kraft, mit der die wie blind auftretenden und imperial auftrumpfenden amerikanischen Truppen im Jahr 2004 die Menschen im Irak bedrängen. Das eine kann das andere nicht erklären, das eine das andere nicht rechtfertigen. Das eine darf das andere nicht vergessen machen.

Die Lektüre der Texte von Daniela Dahn ist ein gutes vorbeugendes Mittel gegen die halbseitige Lähmung des Gehirns. Denn ihr Denken und ihr Stil sind dialektisch. In ihren Schriften vollzieht sich die mitreißende, kritische Zeremonie der Negativität, die sich an der Wirklichkeit abarbeitet, indem sie diese zu erklären sucht, bis die Wirklichkeit unter der Fülle der Erklärungen allmählich nachgibt und eine andere wird.

Liebe Daniela Dahn, Sie werden sich schon gedacht haben, dass meine eigenen Erfahrungen nicht ganz unerheblich dabei sind, ich Ihren lebhaften Zugriff auf die Dinge verstehe, dass ich die Kohärenz Ihres publizistischen Engagements schätze und mit Ihren Vorlieben und Ihren Zweifeln, Ihrem Zorn und Ihren Zielen sympathisiere.

Zwanzig Jahre im kommunistischen Untergrund und davor das Erlebnis «Buchenwald», die oft brüderliche, manchmal gespannte Nähe zu den Veteranen der KPD, die im KZ Buchenwald eingesperrt waren, erlauben es mir, mich leichter, als andere es können, mit der Vehemenz und der Unbefangenheit Ihrer Annäherung an politische Fragen zu identifizieren. Diese Erfahrungen mögen es sein, die es mir leichter machen, zu verstehen, was aus der Perspektive des erfahrungslosen Antikommunismus, der nur sich selbst kennt, vielleicht schwieriger zu verstehen ist: Sie, die Sie aus der DDR kommen, haben dem ehemaligen Westdeutschland nicht nur vor Augen geführt, wie anders die DDR war, Sie zeigen auch, wie nah die Menschen in beiden Staaten einander immer gewesen sind, insofern sie nämlich dieselben Wünsche haben: den Wunsch nach Gerechtigkeit, den nach Gleichbehandlung, den nach Anerkennung der eigenen Identität.

Meine ausschweifenden Exkursionen, die ich auf der Suche nach dem besten Kandidaten für den Börne-Preis in Ihren Büchern unternommen habe, haben aus mir einen Ihrer Freunde gemacht, einen Ihrer Gefährten im Kampf, was immer die kleinen Punkte sein mögen, in denen unsere Meinungen auseinander laufen.

Zum Schluss möchte ich einen Satz von Marcel Reich-Ranicki über Ludwig Börne zitieren. Ich nehme ihn auf meine Rechnung, aber an Sie ist er gerichtet: «Die Leser», schreibt er, «haben Börnes Deutlichkeit geschätzt und seinen Mut, seine Unabhängigkeit bewundert. An Feinden freilich hat es ihm nicht gefehlt. Aber veräachtlich ist der Kritiker, der keine Feinde hat. Wer sie fürchtet, der muss sich ein anderes Metier aussuchen. Doch scheinen auch Börnes Feinde geahnt zu haben, dass dieser Mann das Recht hatte, gegen Ende seines Lebens zu sagen: ‹Ich habe nie für meinen Ruhm, ich habe für meinen Glauben geschrieben.›»

Liebe Daniela Dahn, Sie stehen – zum Glück – nicht am Ende Ihres Lebens. Aber an dem Punkt, an dem Sie stehen, in der Mitte Ihres Lebens, Ihrer Reife, können Sie sich heiter sagen, dass Sie nur für Ihren Glauben geschrieben haben. Seien Sie dafür bedankt.

Aus dem Französischen übersetzt von Franziska Augstein

Textnachweise

Das ganze Ding mit der Revolution
Dankesrede zur Verleihung des Ludwig-Börne-Preises am
6. 6. 2004 in der Frankfurter Paulskirche
Bisher unveröffentlicht
Demokratischer Abbruch
Originalbeitrag
Wir sind auf dieser Erde verdammt, uns zu vertragen. Einführungs-
vortrag auf dem internationalen Friedensratschlag am
4. 12. 2004 in Kassel. Bisher unveröffentlicht
Märchen aus 10 und 1 Nacht
Erschienen in: «Freitag», 17. 1. 2003
Zehn Forderungen an eine neue Weltordnung
Vorgetragen auf der Lesenacht gegen den Irakkrieg
im Deutschen Theater Berlin am 1. 3. 2003
Veröffentlicht in: «Neues Deutschland», 4. 3. 2003
Globalisierung des Zorns
Veröffentlicht in: «Freitag», 30. 1. 2004
Gegeninformationen für alle
Einführender Beitrag in einem Workshop auf dem
Weltsozialforum 2004 in Mumbai
Bisher unveröffentlicht
Armut wird erblich, selbst in einem reichen Land
Statement (Fakten aktualisiert) bei einer Tagung in der
Hamburger Heinrich-Böll-Stiftung am 25. 11. 2003
Bisher unveröffentlicht
Gewinnansprüche als heilige Kuh
Statement zum Berliner Bankenskandal vor streikenden
Studenten in der Humboldt-Universität am 24. 11. 2003
Bisher unveröffentlicht

Die Montagsdemokratie
Veröffentlicht in: «Der Tagesspiegel», 30. 8. 2004
Der Wert des Ganzen
Rede zum Tag der Deutschen Einheit am 2. 10. 2003
im Barocksaal von Ingolstadt
Bisher unveröffentlicht
Da liegt kein Segen drauf
Veröffentlicht in: «Süddeutsche Zeitung», 6. 2. 2004
Ästhetik der Zuständigkeit
Veröffentlicht als einleitender Essay zu: Günter Grass –
Stimmen aus dem Leseland. Hg. von Klaus Pezold,
Leipzig 2003
Gegen den Strich trösten
Veröffentlicht in: «Freitag», 1. 8. 2003
Ein gütiges Geschick
Veröffentlicht in: Stiftung Archiv der Akademie der Künste,
Reihe PATRIMONIA 233, Berlin 2004
Plädoyer für die Paradiesschlange
Veröffentlicht in: Huren, Helden, Heilige, Biblische Portraits
aus prominenter Feder. Gütersloh 2004
Statt eines Nachwortes
Aus der Laudatio von Jorge Semprun zur Verleihung
des Ludwig-Börne-Preises am 6. 6. 2004 in der Frankfurter
Paulskirche
Veröffentlicht in: «Süddeutsche Zeitung», 7. 6. 2004

Außerdem von **Daniela Dahn** bei Rowohlt lieferbar:

WESTWÄRTS UND NICHT VERGESSEN
Vom Unbehagen in der Einheit
Rowohlt · Berlin
ISBN 3-87134-235-1, € 16,00

PRENZLAUER BERG-TOUR
Rowohlt · Berlin
ISBN 3-87134-430-3, € 14,90

WESTWÄRTS UND NICHT VERGESSEN
Vom Unbehagen in der Einheit
rororo Sachbuch
ISBN 3-499-60341-1, € 6,90

WENN UND ABER
Anstiftungen zum Widerspruch
rororo Sachbuch
ISBN 3-499-61458-8, € 8,90

IN GUTER VERFASSUNG
Wieviel Kritik braucht die Demokratie?
Mit einem dokumentarischen Lehrstück von Detlev Lücke
rororo aktuell
ISBN 3-499-22709-6, € 6,50

SPITZENZEIT
Lebenszeichen aus einem gewesenen Land
rororo Sachbuch
ISBN 3-499-61117-1, € 7,90

VERTREIBUNG INS PARADIES
Unzeitgemäße Texte zur Zeit
rororo aktuell
ISBN 3-499-22379-1, € 7,90

WIR BLEIBEN HIER ODER WEM GEHÖRT DER OSTEN
Vom Kampf um Häuser und Wohnungen
in den neuen Bundesländern
rororo aktuell
ISBN 3-499-13423-3, € 7,90